PARA QUÉ

MAURICIO MACRI

PARA QUÉ

Obra editada en colaboración con Editorial Planeta – Argentina

© 2022, Mauricio Macri

© 2022, Grupo Editorial Planeta S.A.I.C, Buenos Aires, Argentina

Derechos reservados

© 2023, Editorial Planeta Mexicana, S.A. de C.V.
Bajo el sello editorial PLANETA M.R.
Avenida Presidente Masarik núm. 111,
Piso 2, Polanco V Sección, Miguel Hidalgo
C.P. 11560, Ciudad de México
www.planetadelibros.com.mx

Primera edición en Argentina: octubre de 2022
ISBN: 978-950-49-7798-8

Primera edición en esta presentación: septiembre de 2023
ISBN: 978-607-07-9774-3

Impreso en los talleres de Impregráfica Digital, S.A. de C.V.
Av. Coyoacán 100-D, Valle Norte, Benito Juárez
Ciudad De Mexico, C.P. 03103
Impreso en México - *Printed in Mexico*

A Alfredo, mi nieto, que va a vivir
en una Argentina mejor.

Índice

INTRODUCCIÓN 13

PRIMERA PARTE
Liderazgo
De Sideco a Boca

1. UNA CUALIDAD NUEVA 21

2. UN CAMBIO CULTURAL A LOS TREINTA 27

3. PRIMERAS LECCIONES 33

4. ¿QUÉ VAS A HACER CUANDO SEAS GRANDE? 43

5. ENTRE LOS SUEÑOS Y LA REALIDAD 53

6. LA RAZÓN Y LA PASIÓN 67

7. VER MÁS ALLÁ DEL PRESENTE. 75

8. DECIR QUE NO. 83

9. COMIENZA EL CAMBIO 97

10. WE ARE THE CHAMPIONS 103

11. BASTA ES BASTA 113

SEGUNDA PARTE
Poder
La Ciudad y la Nación

12. CASUALIDAD Y CAUSALIDAD 135

13. CROMAÑÓN. 147

14. EL PODER Y EL *PARA QUÉ* 155

15. NO ME ARREPIENTO DE ESTE AMOR 161

16. LA INCONSCIENCIA INICIAL Y LOS RIESGOS 169

17. "MAURICIO, NO DIGAS QUE SE VA A SEGUIR
    INUNDANDO". 175

18. EL PODER DE LOS SÍMBOLOS 183

19. SABER Y SABER COMUNICAR 193

20. LA MÁQUINA DE IMPEDIR. 203

21. A TIEMPO 209

22. ME HAGO CARGO. 219

23. LA CONFIANZA, POR ENCIMA DE TODO 229

24. LA SEMILLA DEL CAMBIO 241

25. SEGUNDO TIEMPO. 249

Agradecimientos. 261

Si...

Si puedes mantener la cabeza en su sitio cuando todos a tu alrededor
la pierden y te culpan a ti.
Si puedes seguir creyendo en ti mismo cuando todos dudan de ti,
pero también aceptas que tengan dudas.
Si puedes esperar y no cansarte de la espera;
o si, siendo engañado, no respondes con engaños,
o si, siendo odiado, no incurres en el odio.
Y aun así no te las das de bueno ni de sabio.

Si puedes soñar sin que los sueños te dominen;
si puedes pensar y no hacer de tus pensamientos tu único objetivo;
si puedes encontrarte con el triunfo y la derrota,
y tratar a esos dos impostores de la misma manera.
Si puedes soportar oír la verdad que has dicho,
tergiversada por villanos para engañar a los necios.
O ver cómo se destruye todo aquello por lo que has dado la vida,
y remangarte para reconstruirlo con herramientas desgastadas.

Si puedes apilar todas tus ganancias
y arriesgarlas a una sola jugada;
y perder, y empezar de nuevo desde el principio
y nunca decir ni una palabra sobre tu pérdida.
Si puedes forzar tu corazón, y tus nervios y tendones,

a cumplir con tus objetivos mucho después de que estén agotados,
y así resistir cuando ya no te queda nada
salvo la Voluntad, que les dice: "¡Resistid!".

Si puedes hablar a las masas y conservar tu virtud.
O caminar junto a reyes, sin menospreciar por ello a la gente común.
Si ni amigos ni enemigos pueden herirte.
Si todos pueden contar contigo, pero ninguno demasiado.
Si puedes llenar el implacable minuto,
con sesenta segundos de diligente labor
Tuya es la Tierra y todo lo que hay en ella,
y —lo que es más—: ¡serás un Hombre, hijo mío!

RUDYARD KIPLING (1895)

Introducción

Cuando mi vida cambió para siempre

Es la 1.30 a. m. del sábado 24 de agosto de 1991 y me encuentro desnudo, con los ojos vendados, amordazado y con las manos atadas dentro de un ataúd. Intento entender por qué estoy dentro de una van sin ventanas y con rumbo desconocido.

Quince minutos antes estaba regresando a mi casa después de jugar a las cartas. Dos hombres corpulentos se me abalanzaron. Mi primera reacción fue pensar que se trataba de un asalto. Me golpearon fuerte y quedé algo atontado. Unos minutos después tomé conciencia de que no se trataba de un robo, como pensé inicialmente. Me estaban secuestrando.

Menos de una hora más tarde estoy en calzoncillos en una caja más grande, de apenas dos metros por dos metros, con paredes de machimbre, sin ventanas, en un sótano, con las dos piernas encadenadas al piso. Hay un colchón viejo en el suelo y una manta. Solo puedo estirarme para alcanzar un pequeño inodoro químico. En un rincón hay un viejo televisor en blanco y negro y un pequeño velador destartalado.

En ese lugar comencé a vivir los días más traumáticos de mi vida.

Pasaba largas horas acostado, con la mirada puesta en un agujero circular en el techo, de unos diez centímetros de diámetro, desde el que mis secuestradores bajaban a través de una cuerda una pequeña bolsa con comida dos veces por día. Cada tanto, en lugar de la bolsa colgaban un pequeño grabador y el diario del día para que grabara los titulares y pudiera demostrar que aún estaba vivo. Ese agujero y el televisor eran mi único contacto con el mundo exterior.

Como había visto en tantas películas, estaba a merced del secuestrador malo y del secuestrador bueno. Me tocó escuchar las voces de ambos. Uno de ellos me pedía una y otra vez que me parara exactamente bajo el agujero del techo para poder dispararme en la cabeza. La otra voz llegaba durante las madrugadas. Era la de un hombre que me anunció desde el primer momento que para él yo sería Mario. No sé por qué, pero lo bauticé con el mismo nombre. Él también fue Mario para mí.

Las conversaciones con Mario se prolongaban durante las horas de la noche, en medio de un silencio aterrador. Su voz me llegaba a través de aquel pequeño agujero del techo. Ambos descubrimos nuestra pasión compartida por Boca Juniors. En una de aquellas charlas le conté a Mario que desde chico soñaba con llegar a ser presidente de Boca. Cuando le preguntaba sobre mis posibilidades de salir de allí con vida, Mario me respondía siempre que él no iba a permitir jamás que mataran al futuro presidente del club.

Apenas llegué a aquella caja descubrí junto al colchón una caja con pastillas. Me dijeron que eran píldoras para poder dormir. Como un gesto inútil de rebeldía me negué a tomarlas. Todas las madrugadas, después de hablar con Mario, apagaba la lamparita para intentar dormir. Estaba seguro de que iba a enloquecer si no dormía aunque más no fuera por un rato.

Al despertar, después de un sueño de no más de cuatro o cinco horas, pasaba largos momentos quieto, en silencio y en penumbras. Tenía una sensación muy extraña. Intentaba convencerme a mí mismo de que seguía durmiendo y que todo lo que me rodeaba formaba parte de un sueño. Pese a sentir las cadenas en mis tobillos creía que una vez que encendiera la luz estaría acostado en la cama, en mi dormitorio, en mi casa.

Los titulares de los diarios de agosto de 1991 hablaban del colapso de la Unión Soviética, de la declaración de independencia de Ucrania de Carlos Menem, que llevaba ya dos años en la Presidencia de la Nación. Se hablaba de la reciente convertibilidad, que desde abril había establecido que en la Argentina un peso valía un dólar. El fútbol local atravesaba un duro conflicto por los derechos de televisación de los partidos.

En aquellos días pasé por todas las emociones y por todos los estados de ánimo imaginables. Por momentos tenía la certeza de que me iban a matar. Al fin y al cabo, según supe semanas después, ese y no otro fue el destino de siete personas secuestradas por la misma banda de excomisarios y represores que habían actuado durante el último gobierno militar. En el televisor veía algo de lo que sucedía en la realidad: las personas seguían con sus vidas.

Pero el jueves siguiente todo cambió y mi corazón se estrujó de angustia. Vi en la minúscula pantalla de la TV que un ejército de camarógrafos hacía guardia frente a la casa de mi padre en Barrio Parque. A los gritos, papá intentaba hacerse escuchar por los periodistas, hablándoles desde su balcón. Al cabo de pocos días, en los que por razones de seguridad solo un puñado de personas cercanas estaba al tanto de mi desaparición, el secuestro se había convertido en la noticia excluyente en los medios de comunicación.

Tenía apenas treinta y dos años. Las imágenes de mis tres hijos y de todos los miembros de mi familia aparecían en la pantalla y en mi cabeza de manera constante. Los extrañaba y temía no volver a verlos jamás. Me abrumaba un fuerte sentimiento de culpa por el sufrimiento que les causaba. Al verlos, mi angustia crecía más allá del límite de lo soportable. Me desesperaba la preocupación que veía afuera, en ese lugar que me parecía inalcanzable.

Allí, en el sótano, aprendí a permanecer largas horas en silencio, esa vieja costumbre calabresa que le vi practicar durante mi infancia a mi abuelo Giorgio, el papá de mi papá. Estar secuestrado es una experiencia terrible que no le deseo ni a mis peores enemigos.

En medio de aquel silencio solo atravesado por alguna gotera, el murmullo del televisor o el rumor de un auto pasando por la calle —aún no sabía que estaba bajo la avenida Juan de Garay, en el barrio de Constitución—, me dedicaba a pensar. Pensar era mi manera de sobrevivir al cautiverio.

Quería vivir. Pero eso ya no dependía de mí. Era una decisión que escapaba a mis posibilidades. Y pensaba, una y otra vez, en cómo podría llegar a ser mi vida si era que mi vida iba a seguir conmigo. A esa altura, era apenas un *pescadito*, como me llamaban mis captores, que veían en mí al delfín, al primogénito, al heredero de Franco Macri. En aquel tiempo trabajaba a la sombra de mi padre al frente de Sideco, su empresa constructora.

Es paradójico, pero de pronto empecé a pensar en grande. *Out of the box*, como dicen los americanos. Por fuera de la caja, en este caso, literalmente. Pensé que si salía vivo, mi vida cambiaría por completo. Recuerdo una conversación que tuve con un amigo de mi padre cuando tenía quince años. Me dijo una frase que me quedó grabada: *"Va a llegar un momento en tu vida en el que vas a tener que elegir: o ser o tener"*.

Pensé en hacer cosas que ayudaran a la gente a vivir mejor. Pensé en cumplir mis sueños de la infancia. Pensé que la vida, que no da revanchas, a mí me podía llegar a dar una segunda oportunidad. Pensé en ser libre e independiente. Pensé en Boca, pensé en la gran ciudad en la que estaba. Pensé en la Argentina y en tantas cosas que se podrían cambiar. Pensé en algo que no tenía nombre para mí y que luego supe que se llamaba vocación de servicio. Yo, que había recibido todo, pensé que si lograba salir con vida habría llegado el momento de comenzar a dar. Tenía, creo que por primera vez, la capacidad de elegir mi futuro. Había encontrado mi propio *para qué*.

Tras el pago del rescate se produjo un intervalo sin ningún contacto con mi familia. Tuve la certeza de que mi muerte era inevitable. Desde mi encierro, por las noches, Mario me contaba que mis captores discutían acerca de qué iban a hacer conmigo.

Pasaron tres días en los que no podía determinar quién estaría peor, si mi familia o yo, hasta que una madrugada decidieron mi liberación. Una voz me ordenó que me pusiera de espaldas y escuché por primera vez el chirrido de la puerta de la caja al abrirse. *"Te vas. Ponete este jogging."* Era la voz de Mario y sentí su mano sobre mi hombro. Cuando me soltaron en el medio de la nada, sentí que había vuelto a nacer. Había llegado el momento de elegir otra vida. Una vida nueva que me llevó de la mano de miles, luego de centenares de miles y finalmente de millones de personas hasta lugares que solo existían en mis sueños más audaces e inconscientes.

Uno nunca sabe en qué momento va a encontrar su verdadera vocación. Pero si hay algo que aprendí es a no aceptar lo dado y a estar siempre abierto. Es como el amor: se trata de una vibración que solo se siente en el corazón. No hay que resignarse a vivir sin amor o a no encontrar la vocación. Están allí, esperándonos en algún lugar. Se trata de encontrarlos. Son nuestros *para qué*.

Este libro trata sobre este misterioso camino hacia la felicidad. Es sobre mi viaje personal y lo que aprendí en él. Es el *para qué* de tantas cosas hechas y vividas y de tantas que aún quedan por hacer. *Para qué* ser el presidente de un club de fútbol, *para qué* cambiar una ciudad y, sobre todo, *para qué* cambiar un país.

Está dedicado a los que me acompañaron en cada una de las etapas y a los que hoy están emprendiendo sus propios caminos, donde sea que los lleven. Para todos ustedes, aquí va mi experiencia.

MAURICIO MACRI
Septiembre de 2022

PRIMERA PARTE

Liderazgo

De Sideco a Boca

1

Una cualidad nueva

Pum, pum, pum. La pelota golpeaba contra la pared de la habitación que compartía con mi hermano Gianfranco en el departamento frente a la plaza Vicente López. Mamá me decía que parara. Pero no le hacía caso. Yo seguía pegándole una y otra vez. Tenía once o doce años y le pegaba, o más bien, intentaba hacerlo, con la pierna derecha, con la izquierda, con la cara interna del pie, con el empeine, con la punta, más fuerte, más despacio, con comba para adentro, para afuera.

Sospecho que nuestros vecinos habrán venido a nuestra puerta en más de una oportunidad para quejarse a causa de ese sonido monocorde. A esa edad, lo que buscaba más que ninguna otra cosa en el mundo era dominar la técnica de los grandes jugadores del Boca Juniors del momento. Nombres célebres como los de Rojas, Madurga, Curioni y tantos otros cuyas hazañas leía todas las semanas en las páginas de *El Gráfico*. Soñaba ser un nueve goleador y habilidoso. Como tantos chicos, me veía trepado al alambrado de la Bombonera tras meter el gol que definía el campeonato. Creía que

21

para lograrlo no había otro camino que practicar y practicar. Patear una y mil veces. Evaluar e intentar mejorar, aunque más no fuera un poco.

Los pelotazos contra la pared apenas sirvieron para que ese niño se convirtiera con el paso de los años en un discreto jugador *amateur*. Pero además me hicieron aprender una lección que me acompaña hasta el presente: solo persistiendo lo suficiente se alcanzan los objetivos.

Las cosas que aprendemos de chicos son las que se imprimen en la mente con más fuerza. En mi caso, decidí organizar un equipo de fútbol junto a mis compañeros del colegio. Iba al Cardenal Newman, un colegio católico con fuerte tradición irlandesa, donde el rugby estaba por encima de cualquier otro deporte.

Mi interés por organizar el equipo no era en absoluto inocente. Supe de entrada que era la manera de asegurarme un lugar en la cancha, dada mi destreza escasa como jugador.

De algún modo aprendí a liderar para poder jugar. En los años de la secundaria era el que armaba el equipo, conseguía las camisetas, buscaba algún torneo en el que nos permitieran anotarnos y llamaba uno por uno a mis compañeros para recordarles los horarios de los entrenamientos. Dedicaba buena parte de mi tiempo a ocuparme de las tareas logísticas para que nuestro equipo de fútbol saliera adelante. Entonces me di cuenta de que estaba comenzando a disfrutar de ese rol un poco solitario que me había inventado.

Durante mi adolescencia en la década del setenta, el colegio ejercía una fuerte presión para que todos sus alumnos jugaran al rugby. La tradición rugbística del Cardenal Newman dio origen a uno de los equipos más importantes del torneo local. Para jugar había que asistir a entrenamientos rigurosos y exigentes durante la semana. Varios no soportaban el ritmo y pese a las presiones de sus familias y del colegio, fueron abandonando la actividad. No tardé en darme cuenta de que entre los que dejaban el rugby estaba mi cantera para sumar jugadores al equipo de fútbol.

La formación que recibíamos en el colegio estaba orientada hacia una idea recurrente: el conjunto está siempre por encima de las individualidades. En este sentido, el juego del rugby es un vehículo más que adecuado para transmitir la filosofía de los Christian Brothers. El rugby tiene una clara función educativa. Ser parte de un equipo de rugby exige una dosis alta de constancia y disciplina. El *scrum* es una metáfora de la importancia de la coordinación del equipo para lograr un buen resultado.

Jugué al rugby en el colegio pese a ser peor jugador con la pelota ovalada que con la redonda. Me lo tomé muy en serio y entrenaba todos los martes y jueves con sol o con lluvia, con frío o con calor. El rugby me enseñó la importancia del funcionamiento en equipo. Esa idea de estar por y para el otro es muy fuerte. Hace que en el rugby, contra todas las reglas de la matemática, uno más uno pueda ser igual a tres.

Mientras tanto, mis tareas a cargo del equipo de fútbol no dejaban de crecer. Iba por los cursos buscando convencer a otros alumnos para que se sumaran a nuestro equipo. Reunir once adolescentes los domingos para jugar era una tarea dificilísima. Durante esa etapa de la vida el sentido de la responsabilidad está aún en formación. Los faltazos eran frecuentes y, para colmo, los mejores jugadores solían ser los más irresponsables. Yo estaba siempre corriendo detrás de todo y de todos.

Mi esfuerzo juvenil se explicaba por mi deseo de jugar en un equipo de fútbol. Y pronto me di cuenta de que si yo no lideraba, no se jugaba. No había otro que quisiera tomar la responsabilidad. Era necesario que alguien se pusiera el asunto al hombro y estuviera detrás de todos los detalles. Ese alguien, más por necesidad que por otra cosa, terminé siendo yo.

A los veintiún años di un salto cualitativo enorme y enfrenté mi primer gran proyecto personal. Algo osado, casi descabellado. Con la mayor inconsciencia decidí organizar una gira de nuestro equipo… ¡por los Estados Unidos! No recuerdo qué fue lo que me hizo pensar que estábamos en condiciones de dar semejante paso. Solo recuerdo mi completa convicción de que algo así era posible y mi total certeza de que lo iba a lograr.

Empecé a enviar cartas a distintas universidades alrededor de Boston para ver si podíamos lograr que alguien invitara a jugar a nuestro desconocido equipo juvenil. Para sorpresa de todos, unas cuantas semanas después recibimos la ansiada invitación.

A partir de ese momento me dediqué frenéticamente a organizar todo tipo de actividades para recaudar el dinero que nos permitiera pagar el viaje. Armé un festival, alquilé una sala de cine y vendimos las entradas para una función especial, imprimimos una revista y comercializamos los espacios de publicidad. Nos fue bien y cumplimos el objetivo. Tanto, que hasta nos sobró dinero para organizar una nueva gira al año siguiente, en esta oportunidad, a Austin, Texas.

Era jefe de la delegación, director técnico, capitán del equipo y jugador. Entre mis múltiples tareas había una prácticamente imposible de realizar. Tenía que contener a un grupo de varones de veinte años, completamente excitados y desaforados, viajando juntos al exterior para jugar al fútbol. No sé cómo lo logré, pero lo hice. Estaba descubriendo una cualidad nueva y misteriosa: podía liderar.

2

Un cambio cultural a los treinta

Lo sé. Una cosa es ser el líder de una banda de jóvenes que quieren jugar al fútbol y divertirse y otra muy diferente es el liderazgo en una organización de la complejidad de una empresa.

Apenas graduado de ingeniero empecé a trabajar junto a mi padre. En realidad, desde mucho tiempo antes papá había comenzado a involucrarme en sus actividades. Disfrutaba de que lo acompañara a sus reuniones de negocios. Yo me sentaba junto a él siendo apenas un adolescente, sin entender del todo de qué se trataba.

Pero una cosa bien diferente era, con veinticinco años de edad, ocupar su lugar en Sideco, la gran constructora que papá había iniciado en los sesenta y que por entonces era una de las más importantes del país. ¿Cómo fue que llegué hasta allí?

Papá estaba rotundamente en contra de darme un cargo de semejante responsabilidad. Además, la empresa atravesaba tiempos difíciles. Por un lado, Sideco había acumulado un alto nivel de endeudamiento y, por el otro, la economía argentina de la segunda mitad de los ochenta volvía a mostrar su rostro más amargo.

Yo era el que insistía. Quería demostrarme a mí mismo y a mi padre que era capaz de dar vuelta a Sideco. Papá se resistió todo lo que pudo y utilizó todos los medios a su alcance para que desistiera de mi propósito. Pero como mamá con la pelota, no logró detenerme. Estaba convencido de que iba a lograrlo.

Uno de los gerentes se acercó y me preguntó: *"¿Por qué querés tanto ir a Sideco? ¿No te das cuenta de que está fundida?"*. Recuerdo mi respuesta: *"Mirá, a lo mejor no la saco. Ojalá que sí. Pero si me llego a fundir, habré aprendido un montón"*. El gerente se quedó mirándome con un gesto como diciendo: *"Este pibe está loco..."*. Pegó media vuelta y se fue.

Finalmente, y después de varias batallas, logré torcer el brazo de Franco Macri y llegué a Sideco. Tendría a mi cargo el equipo que él había ido conformando con los años. Un grupo de ingenieros extraordinarios que venían desde el principio de los tiempos de la empresa.

El equipo de Sideco conocía bien a papá y su estilo de liderazgo. Franco podía ser brillante y a su vez arbitrario. Era audaz y al mismo tiempo autoritario. Pero su carisma exuberante estaba por encima de cualquier análisis de sus cualidades como líder.

Mi llegada a la empresa constructora me puso frente a un desafío gigantesco. Sabía que corría con cierta ventaja por el hecho de haber sido designado por mi padre para el cargo. El equipo de Sideco tenía una admiración absoluta e incondicional por papá. Si él había resuelto que estuviera en esa posición, daban por sentado que Franco tendría sus motivos. Su aura me protegía y contaba, finalmente, con la bendición del dueño. Aquel equipo tenía un respeto total por el apellido Macri.

Pero a la vez no podía ignorar una enorme dificultad. Desde el primer momento supe que la comparación entre padre e hijo resultaría inevitable. Ante cada decisión aparecía el mismo fantasma, la misma amenaza. Papá había dejado una marca indeleble en la compañía que había creado y que había hecho crecer junto a su equipo.

No fue ni la primera ni la última vez en mi vida en que la sombra de mi padre fue un peso difícil de sobrellevar. Papá era mi maestro y lo admiraba. Pero desde muy chico supe que éramos diferentes. Paradójicamente, esa comparación permanente me obligó a tomar mi propio camino. Lo supe desde muy joven. Como todos los hijos, para poder ser uno mismo es imprescindible construir una identidad propia.

La idea que venía dando vueltas alrededor de mi cabeza y que quería implementar en Sideco era producto de los tiempos que corrían en el país en aquella segunda mitad de la década del ochenta. La economía se desmoronaba, presa de sus problemas de siempre: alta inflación, alto déficit fiscal, deuda impagable e inestabilidad cambiaria. El Estado se encontraba quebrado una vez más y ya no estaba en condiciones de brindar los servicios públicos de calidad que los argentinos habían conocido en el pasado. El modelo económico que había intentado llevar adelante el presidente Raúl Alfonsín marchaba hacia el colapso. Imaginaba que, más temprano que tarde, las grandes compañías estatales de servicios públicos serían privatizadas y el sector privado sería convocado a gestionar concesiones. Decidí que Sideco debería prepararse para cuando ello ocurriera.

Recuerdo perfectamente el momento en que reuní a todos los gerentes para comunicarles la nueva dirección estratégica. Todos habían trabajado junto a mi padre. Me miraban con cierta condescendencia y también con sospecha, como si pensaran: "*¿Hace años que somos una empresa constructora y este muchacho nos está diciendo que vamos a tener que ser una empresa de servicios?*".

El cambio que estaba proponiendo se basaba en algo simple: si Sideco había sido a lo largo de toda su historia una empresa que había demostrado ser capaz de construir rutas, autopistas, plantas industriales de todo tipo y centrales hidroeléctricas, ¿por qué no iba a poder ser capaz de gestionarlas? Siempre pensé que es más difícil construir una obra que administrar un servicio. Había llegado el momento de demostrarlo.

Pero para lograrlo tenía que enfrentar los temores de los viejos y entrañables ingenieros de la compañía. Mi propuesta había llevado a varios a pensar que su trabajo de toda la vida iba a perder valor. Yo pensaba todo lo contrario: la idea de un nuevo desafío estratégico podría significar un crecimiento de su autoestima y una oportunidad para el desarrollo de nuevas capacidades. Lo que estaba claro en aquel momento era que la lógica que había llevado a Sideco al lugar que ocupaba correspondía a otro modelo de país. Un modelo que estaba mostrando las señales de agotamiento. Un final de época.

Así fue como Sideco pasó de ser la constructora líder del mercado a transformarse en una importante prestadora de servicios públicos. Aquellas ideas incipientes dieron lugar a grandes proyectos, como la concesión a Autopistas del Sol, esa transformación extraordinaria que tuvieron el Acceso

Norte y la avenida General Paz, que rodea la ciudad de Buenos Aires. Fue una obra proyectada y diseñada desde la ingeniería de una manera completamente diferente a todo lo que se había hecho hasta ese momento. Se ampliaron carriles, iluminación y accesos sin interrumpir jamás la circulación de los vehículos en su traza. Fue el primer ejemplo en el que el sector privado llevó adelante una obra sin recibir dinero público. La financiación corrió por cuenta de la empresa adjudicataria y solo comenzaría a recuperar su inversión una vez que la obra estuviera terminada, a través del cobro de peajes. Pero no fue el único proyecto. La distribuidora de gas en Córdoba y Cuyo fue otro caso de éxito. Desarrollamos también una concesionaria de rutas y una de agua en Corrientes, entre otros.

En Sideco crecí mucho. Sobre todo comencé a entender cada vez más lo que se esconde en aquel misterio del liderazgo que había descubierto al organizar el equipo del colegio. En el mundo empresario, la gestión en Sideco fue mi primer éxito.

No se trató solo de cambiar una estrategia. Cambié una mentalidad corporativa. Ese joven que rondaba los treinta años había logrado, por primera vez, un cambio cultural.

3

Primeras lecciones

En aquellos primeros tiempos en Sideco tomé una decisión un tanto absurda, producto de mis propios temores. Decidí dejarme crecer el bigote para aparentar una edad mayor. El traje, la corbata rigurosa y, por supuesto, los bigotes buscaban disimular mi inexperiencia. Al cabo de los años supe que era una tontería, pero en ese momento me pareció un recurso válido para pararme frente a aquellos gerentes que me doblaban en edad.

Sin embargo, también apelé a otro recurso. Uno que aún conservo, valoro y recomiendo a quienes comienzan a ocupar posiciones de liderazgo en el ámbito que sea. Funciona siempre. Se trata de la ejemplaridad. No hay liderazgo posible si no hay coherencia entre los valores que se proclaman y la conducta personal. Para liderar a otros hay que tener una conducta ejemplar. Es el primer requisito y es ineludible. Fue el primer aprendizaje al encontrarme en una posición de liderazgo.

Aún me resultaba difícil asumir el puesto de jefe. Necesitaba que confiaran en mí, que me creyeran. Mi primera idea fue, por lo tanto, trabajar más que los demás. Ser el primero en llegar y el último en dejar la oficina. En aquel momento era una manera simple de transmitir mi compromiso con la tarea. Si estás, pensaba, es porque te importa. Es porque los objetivos son compartidos. Jamás entendí a los jefes ausentes. La presencia física es parte del ejemplo.

La cultura del trabajo fue uno de los mejores legados de mi padre. Cuando somos niños aprendemos de lo que vemos en quienes nos rodean. Papá era así. El trabajo estaba para él por encima de cualquier otra cosa. Sabía que era fundamental *"transpirar la camiseta"* y *"cargarse el equipo al hombro"*, como se dice en el mundo del fútbol, mundo que, paradójicamente, papá desconocía bastante.

Pero si bien la ejemplaridad es siempre necesaria, no es un requisito suficiente para liderar equipos. Antes que los equipos están las personas. Se lidera con personas, con maneras de ser, de trabajar, de vincularse, que son todas muy diferentes. Con los años aprendí a conocer cada vez más a la gente y a comprender mejor su enorme diversidad.

Tiempo después de Sideco llegué a Sevel, la automotriz que papá había adquirido a principios de los años 80 y que contaba con la licencia para fabricar los autos Fiat y Peugeot. El sector automotriz representó un verdadero salto cuántico en materia de experiencia después de mi paso por la constructora. Apenas acababa de sentarme en mi nueva oficina y me encuentro con que el director de Compras y el director de Producción no se dirigían la palabra desde hacía cinco años. En una planta industrial se trata de dos posiciones que tienen que funcionar bajo una coordinación extrema y deben trabajar casi como si fueran hermanos siameses, porque la línea de producción es abastecida por el área de compras. Es ahí donde nace el famoso *"just in time"*, o en castellano *"justo a tiempo"*. De acuerdo con este concepto es imprescindible contar con las piezas que se necesitan en el momento exacto, ni antes ni después, para no tener faltantes pero tampoco inmovilizar capital con un stock mayor del estrictamente necesario. Esto requiere de una enorme eficiencia para que el funcionamiento de la línea no se interrumpa nunca. Fue un desarrollo clave para el éxito de la industria automotriz japonesa para ganar competitividad frente a sus pares norteamericanos.

Pero en Sevel descubrí de inmediato que sucedía exactamente lo opuesto. Los dos directores, de origen italiano, habían decidido dejar de hablarse por motivos desconocidos. Resolver este conflicto fue una de mis primeras tareas. Recuerdo que decidí contratar los servicios de una consultora internacional que contaba con un programa de calidad centrado en el cliente y con experiencia en este tipo de problemas vinculados con las relaciones interpersonales. El programa duraba tres días y consistía en una serie de charlas con los expertos de la consultora. Yo trataba de ver si la relación entre los directores de la planta mejoraba, pero ambos continuaban mostrándose indiferentes el uno del otro.

Al finalizar las exposiciones, en el último día, los organizadores del programa propusieron una serie de actividades recreativas. Entre ellas la llamada *"carrera de tres piernas"*, en la que se forman parejas, se ata la pierna derecha de uno con la izquierda del otro y deben lograr avanzar de manera coordinada para evitar caerse. Obviamente eligieron a los dos directores que no se hablaban. Se quisieron morir cuando descubrieron que a uno le tocaría hacer la carrera con el otro. A los pocos metros rodaron por el suelo. Se rieron, ellos y todos los demás, a carcajadas. Fin del problema. A partir de ese momento la fábrica volvió a trabajar en perfecta armonía y ya sin esa tensión entre los dos. Y por supuesto los estándares de calidad crecieron muchísimo. Allí descubrí algo que usaría luego en infinidad de ocasiones. El mejor modo de resolver conflictos entre las personas es compartir tiempo fuera del trabajo, espacios de juego y diversión en los que se pueda salir del entorno laboral para construir vínculos más sólidos y resistentes, reducir la distancia y eliminar prejuicios. La manera de consolidar un equipo requiere de este tipo de experiencias compartidas. El fútbol en Olivos durante la presidencia y los retiros que hicimos con los ministros del gabinete en más de una ocasión son ejemplos de esta idea. Los equipos necesitan desarrollar muchísimo los vínculos personales. Si no lo hacen, no hay éxito posible.

El objetivo de un líder es siempre lograr que quienes lo rodean puedan dar lo mejor de sí mismos. No somos todos iguales, no todos actuamos del mismo modo. Me llevó un buen tiempo descubrir mejor las características de los diferentes tipos de personalidades y estilos.

Existen los que para desarrollar al máximo su compromiso con la tarea requieren que se les quite presión. Y existen otros que funcionan mejor cuando la presión aumenta. Algunos requieren tener asegurado su espacio de protagonismo dentro de un proyecto y están aquellos que necesitan preservar sus espacios personales. Unos necesitan recibir manifestaciones de afecto que refuercen su compromiso y otros prefieren trabajar con mayor frialdad, lejos de cualquier consideración afectiva. Todos suman de una manera u otra al proyecto del grupo.

Mi propio camino hacia el liderazgo me llevó a desarrollar una mirada de psicólogo sobre las personas. Creo, sin falsa modestia, que es una de mis mejores cualidades. Aprendí a percibir y detectar la importancia de los diferentes estados de ánimo y sus efectos sobre el trabajo cotidiano. Supe de la importancia de conocer mucho más a quienes me rodeaban entonces y ahora. Cuáles son sus sueños, sus frustraciones, sus aspiraciones. Aprendí a buscar y reconocer en mis colaboradores el potencial que tenían por delante en su desarrollo profesional. Logré anticipar cuáles iban a ser sus reacciones frente a las exigencias y los desafíos. El psicoanálisis es desde hace muchos años de una enorme ayuda. El proceso de conocimiento sobre uno mismo es también un trabajo de conocimiento sobre los demás que, lejos de ser estático, evoluciona con el tiempo.

Desde siempre he preferido liderar a quienes cuentan con un motor interior propio. Aprendí a reconocerlos rápidamente. Son personas que tienen iniciativa y proactividad. Me gusta definirlos como aquellos que no esperan para pedir permiso. Me resultó siempre mucho más fácil frenar a alguien que empujarlo.

Aun en la situación en la que alguien, por exceso de acción, pueda poner en peligro un proyecto, aprendí que siempre es posible conversar. A veces hay que hacer una pausa y construir el espacio para que el otro pueda escuchar un punto de vista alternativo y la conveniencia, llegado el caso, de ir más despacio. Durante toda mi vida me resultó mejor rodearme de este tipo de personalidades inquietas y desafiantes que trabajar con personas que carecen de iniciativa o que temen en exceso los riesgos de sus decisiones.

Quienes trabajaron conmigo en las empresas, en Boca, en la Ciudad de Buenos Aires o en el Gobierno nacional lo saben, porque lo he repetido como un mantra: prefiero a aquellos que hacen diez cosas aunque solo siete les salgan bien a alguien que solo puede hacer cuatro, aun cuando su resultado sea extraordinario. La dinámica tiene para mí un valor que está por encima de la perfección absoluta, la cual, como sabemos, es por naturaleza inalcanzable. En tiempos veloces como los que vivimos, las organizaciones deben sostener una vocación permanente por el cambio. Esto hace que resulte imprescindible empoderar a las personas para que pierdan sus miedos a la hora de avanzar con reformas. Aun afrontando los costos de tener que aceptar algún pequeño margen para el error, siempre voy a estar a favor del hacer.

Pero para lograr ese ideal de equipo resulta necesario asegurar la autonomía de sus integrantes. Se trata de un aspecto crucial del liderazgo y es uno de los conceptos que más se ha transformado en las últimas décadas. Cuando comencé a trabajar en la empresa de mi padre, las estructuras eran mucho más rígidas de lo que son en la actualidad. En aquel momento, plantear la autonomía y la libertad para trabajar era algo novedoso que causaba enormes resistencias. Hoy este concepto se impuso. Las empresas valoran la actitud emprendedora por encima de cualquier otra cualidad. Tiempo atrás, esta idea era completamente contracultural.

Este tipo de liderazgo menos vertical y más orientado a la autonomía se ha convertido hoy en un arquetipo. Y a su vez, se sigue reinventando y generando nuevos *spin-offs*. De todos modos, las nuevas versiones del liderazgo siguen acentuando aquella misma dinámica: se busca más empoderamiento y mayor independencia. El liderazgo actual requiere de nuevos tipos de profesionales, pero también de nuevos modelos de líderes, más acordes a nuestra época y a sus cambios veloces. Exige una redefinición profunda de los roles. Personalidades que antes eran rechazadas por las organizaciones hoy están entre las más buscadas.

Me tocó vivir el comienzo de esa transformación radical en los modelos de gestión de las organizaciones. Cuando empezaba a trabajar en la empresa, el sueño de cualquier joven aún era el de hacer una larga carrera en una compañía. Su propia identidad estaba dada por la empresa en la que aspiraba a trabajar durante buena parte de su vida. Esto requería de un enorme esfuerzo de adaptación a la lógica de esa empresa, la que se suponía que estaba destinada a permanecer estable a través del tiempo. Desde los años noventa a esta parte, las empresas incorporaron nuevas visiones y transformaron sus modelos organizacionales a la par de la revolución tecnológica.

Si en el pasado era necesario adaptarse a los moldes, con el tiempo se volvió necesario romperlos y desafiarlos. Si en un momento la actitud emprendedora estaba reservada exclusivamente a los dueños o accionistas, hoy es una exigencia para todos los integrantes de un equipo. La propia noción de liderazgo se modificó y dio paso a modelos más innovadores y rupturistas.

Todos estos cambios me encontraron en el momento justo y en el lugar adecuado para incorporarlos e incluirlos en mi propia construcción como líder. Visto en perspectiva, no puedo dejar de pensar que me prepararon para los desafíos que vinieron después.

A lo largo de mi camino fui absorbiendo otras reglas que parecían destinadas a volverse parte de mí mismo. Como había sucedido en un primer momento con la ejemplaridad, de inmediato incorporé otro concepto básico: el respeto.

Existen líderes que trabajan a partir del miedo. Es un estilo que no comparto en absoluto. Para liderar, el respeto por el otro es un elemento central. Liderar es siempre dar. Hay que dar lo que uno postula. Si el líder no da, no lidera. Obliga, que es algo muy diferente.

Para papá era habitual escatimar el reconocimiento. Reconocer el esfuerzo y los logros es, antes que nada, reconocer al otro. Muchas veces ese reconocimiento es la mayor recompensa que buscan las personas. Puede tratarse del reconocimiento material, pero en la mayoría de los casos se trata de algo diferente. Los seres humanos buscamos un reconocimiento emocional y afectivo. Para darlo, es importante abrirse, abrir la mente y también el corazón. Creo haber mejorado a mi padre en este aspecto. Pero sé que aún me falta. El reconocimiento y el aliento de quien ocupa una posición de liderazgo hacia quien ha cumplido con el objetivo propuesto es una herramienta central. Dar, de eso se trata.

El principal error de un líder en el inicio de su carrera es carecer de la capacidad de delegación. Delegar es ir en contra del propio narcisismo. Implica dejar de creer que solo uno mismo es capaz de hacer bien las cosas. Esa ilusión de sentirse el centro del universo es tóxica. El encierro, rodearte de personas que todo el tiempo te están elogiando y la distancia con los procesos de trabajo cotidianos de las segundas y terceras líneas son elementos que ponen en peligro cualquier proyecto de liderazgo.

Siempre busqué y disfruté la conversación con los que no están en los directorios pero están más cerca del día a día de cualquier actividad. Cuando me tocó llevar adelante la gran reconversión de Sideco, mis primeros aliados fueron los cuadros más jóvenes. Al hablar con ellos me permitía tener otro lenguaje, más directo. Los más grandes necesitaban más tiempo y más confianza para poder soltar el freno de mano. Los jóvenes habían comprendido rápidamente mi mensaje y estaban ansiosos por comenzar ya mismo a cambiar las cosas. Es lo mismo que me pasaría en Boca y luego en la política.

Allí, cuando tuve que dar vuelta una compañía siendo muy joven, descubrí una característica del cambio que me acompañó en todo lo que emprendí después: el cambio crece siempre desde abajo hacia arriba. El líder es solo un intérprete. Es alguien que expresa esa voluntad colectiva por hacer que las cosas sean diferentes. Pero los cambios no se pueden imponer por la fuerza. Al contrario, van madurando y creciendo, muchas veces en una marcha que no es lineal y que siempre presenta avances y retrocesos.

Siempre están primero las personas. Fueron aquellos ingenieros de Sideco, que se animaron. Fueron los socios de Boca, que creyeron que había llegado la hora transformar una institución enmohecida en un club moderno y exitoso. Fueron los vecinos de la ciudad de Buenos Aires los que se decidieron a apostar por lo nuevo. Y fueron los ciudadanos quienes decidieron en 2015 con su voto que finalmente había llegado la hora de intentar cambiar la cultura del poder en la Argentina.

Después de mi secuestro, después de la experiencia en Sideco y tras mi paso por Sevel, sentí que estaba preparado para cumplir con una nueva meta. Pero había un problema. Para alcanzarla, tenía que dar un paso decisivo: independizarme de mi padre.

Me había fijado un objetivo mayúsculo, el más importante que puede tener cualquier ser humano: había decidido, ni más ni menos, cumplir con un sueño de mi infancia.

4

¿Qué vas a hacer cuando seas grande?

Boca entró en mi vida por algún lugar que desconozco. Es verdad que papá era de Boca. Era lo esperable en un inmigrante italiano llegado a la Argentina en 1949, con apenas diecinueve años. Pero el fútbol estaba lejos de ocupar el centro de su vida. Se aburría en la cancha. Yo soy de Boca desde que tengo memoria. No tengo idea de dónde vino mi pasión por el fútbol. No tengo ninguna explicación sobre su origen. Está conmigo desde siempre.

Tenía dos sueños. El primero ya lo conté: ser el mejor nueve de la historia de Boca. Goleador nato. Ídolo de la hinchada. Pero tenía otro sueño en paralelo: ser presidente de Boca. Por supuesto que no tenía ni la más remota idea de lo que significaba ser el presidente de Boca. No estaba en condiciones de imaginar qué hacía ni a qué se dedicaba, es decir, cuál era su trabajo.

Pero quería ser presidente de Boca. Pienso que tal vez tuvo que ver que mi padre conocía a Alberto J. Armando, el mítico presidente del club entre 1960 y 1980. Por aquellos tiempos papá y Armando se habían asociado en una empresa de seguros. Armando era una figura que estaba presente en casa y mi padre mencionaba su nombre a menudo.

A principios de los años setenta, el presidente de Boca había lanzado un proyecto muy ambicioso: la construcción de un nuevo estadio en los terrenos de la Ciudad Deportiva, en un enorme predio ganado al río en la Costanera Sur de la ciudad. Papá fue contratado por Boca y estuvo a cargo de colocar los cientos de pilotes que serían la base del estadio para más de cien mil espectadores que Armando había prometido inaugurar el 25 de mayo de 1975. Aún recuerdo una foto mía de aquellos tiempos, con mi cabeza cubierta por un casco, acompañando a mi padre y a Armando en la obra. Para mi alegría, y como parte de pago, el presidente del club se comprometió a entregarle a papá dos palcos en el nuevo estadio.

Armando era un vendedor extraordinario. El estadio nunca se construyó y las obras de vanguardia en la Ciudad Deportiva nunca se concluyeron. Es probable que la figura de Alberto Jota, como le llamábamos en casa, haya inspirado mi sueño. No lo sé. Como sea, el hecho es que estaba entre mis diez y once años de edad muy seguro y convencido. Cuando algún adulto me hacía la clásica pregunta *"Mauricio, ¿qué vas a hacer cuando seas grande?"*, yo respondía muy serio y firme: *"Voy a ser presidente de Boca"*.

Pasaron muchos años desde aquel sueño infantil. Para mí, el camino al club fue ni más ni menos que el camino hacia la independencia. Tras el secuestro, la relación con mi padre se volvió tormentosa. Hacía tiempo que había llegado a la conclusión de que para poder ser yo mismo debía tomar distancia de él.

No recuerdo la fecha con precisión, pero debe haber ocurrido hacia 1987. Un día vino a verme a la oficina Pedro

Pompilio, por entonces protesorero del club. Boca estaba atravesando una pésima situación financiera y quería saber si estaría dispuesto a ayudar. El panorama era dramático, Boca estaba concursado y necesitaba dinero urgente para sanear sus cuentas. Di una mano con la compra de Walter Perazzo y algún otro jugador y logré que Sevel apoyara el club con la presencia de la marca Fiat en su camiseta.

Unos años después, un grupo de socios me invitó a participar de la lista que encabezaba la dupla integrada por Antonio Alegre y Carlos Heller. Me contaron a lo largo de un buen rato sus ideas, comentamos los problemas que atravesaba la institución y al finalizar la reunión me preguntaron si estaba dispuesto a sumarme a su lista, dándolo por descontado. Algunos ya se estaban levantando cuando les anuncié: *"Gracias, señores, por la invitación, pero quedará para otro momento. Quería contarles que he decidido postularme para la presidencia del club en la próxima elección, a finales del 95".* Me observaron todos con esa misma cara de sorpresa y algo de compasión con la que me miraban los adultos de niño cuando me escuchaban decir que iba a ser presidente de Boca. A unos pocos se les escapó un *"ojalá"* y otros parecían estar viendo un extraterrestre. Era 1991. Les había dicho que no.

Antonio Alegre era una buena persona. Junto a Carlos Heller conducían Boca mediante una extraña alianza ideológica entre un caudillo conservador y un banquero comunista. Entre ambos estaban llevando al club cuesta abajo. Desde la oficina que aún conservaba en Socma comencé a llamar a distintos amigos hinchas de Boca, a amigos de amigos, a conocidos y demás para preguntarles si estarían dispuestos a sumarse al proyecto que estaba tomando forma en mi cabeza. Lo que sucedió me tomó por sorpresa. Fue algo aluvional.

Descubrí un fenómeno raro y novedoso. Algo que por razones que desconozco me volvería a suceder en muchas ocasiones al ingresar a la política. Cada vez que contaba mi voluntad de participar, era como si lanzara una corriente de compromiso sobre los demás. Muchos se acercaban después de escuchar mi historia y me decían que sí, que tal vez había llegado el momento, que si yo me había animado por qué no iban a hacerlo ellos también. Era una onda expansiva que daba cuenta de las ganas de ser parte para que las cosas cambien y de acompañarme en el camino que les proponía.

Recuerdo las reuniones con Pedro Pompilio, Luis Conde, José Cirilo y Jorge Bitar, entre otros. Era gente distinta de la que estaba acostumbrado a frecuentar en el ambiente empresario. Algunos, verdaderos personajes, veteranos de la dirigencia de Boca. Por un lado, nuestros adversarios habían hecho un buen trabajo al recuperar un club que estaba literalmente en quiebra: habían logrado levantarlo. Pero pese al esfuerzo realizado, Alegre y Heller carecían de una estrategia de largo plazo, no habían logrado ordenar el club y Boca carecía de un plantel competitivo en lo futbolístico.

Tenía por delante la primera campaña electoral de mi vida. Recorrí todos los barrios de la ciudad y del conurbano haciendo pequeños actos. Para nosotros era decisivo que los socios activos, los únicos habilitados para votar, se movilizaran masivamente el día de la elección. Nuestra única fuente de información era un viejo padrón fotocopiado con los datos de los socios. Comenzamos a llamarlos por teléfono, uno a uno, para contarles nuestra propuesta e invitarlos a nuestras reuniones. Habíamos creado un lema: *"Recuperar la gloria perdida"*.

Esa idea de la gloria perdida me llevó a convocar a quienes habían sido los mejores exponentes de aquel pasado: se trataba de jugadores que habían vestido la camiseta y habían levantado trofeos. Ellos debían convertirse en mis mejores asesores. Quería tenerlos cerca y escucharlos. Cada uno contaba con el valor irrepetible de su experiencia. Era fundamental contar con ellos desde el primer día, si sucedía que llegaba a ganar las elecciones, claro.

Eran nombres ilustres: Rattín, el tano Roma, Marzolini, Rojas y muchos más. Los había admirado en la cancha y rodearme de ellos me trajo una enorme sensación de seguridad. Las figuras nos ayudaron a atraer a cada vez más hinchas con ganas de participar del cambio y de recuperar esa enorme historia que había caído en un pozo de decadencia.

Confieso que al principio mi discurso era un tanto agresivo y temerario. Hablaba de terminar con los *"innombrables"*, como llamaba a la gente de Rivel Plate, nuestro rival histórico. Al mismo tiempo, anuncié el final de su hegemonía deportiva, ya que de la mano de su entrenador, Ramón Díaz, venían ganando todo. Hasta llegué a prometer que Boca ganaría un campeonato por año y que nuestro club sería reconocido como uno de los más importantes del mundo. No era poca cosa.

Yo era pura intuición. Buscaba representar los sentimientos del hincha de Boca. Quería interpretar a esas decenas de miles de socios que parecían desear un nuevo protagonismo. Sabía que me estaba poniendo una enorme presión sobre mí mismo. Sin embargo, aquellas metas que parecían inalcanzables se cumplieron y al final de toda mi experiencia en Boca obtuvimos más de un torneo al año. Diecisiete en doce años para ser exactos.

El liderazgo siempre comienza con una primera tarea: tener un sueño. No importa que parezca utópico e irrealizable. De lo que se trata es de lograr que miles de personas lo compartan para luego, juntos, trabajar en hacerlo realidad. Lo que diferencia a un soñador de un líder reside en ese aspecto preciso. El soñador no necesita a los demás y no tiene el compromiso de hacer realidad su sueño. El líder sí.

En Boca tenía una dificultad adicional. Toda mi formación profesional y mi experiencia se habían construido en las grandes empresas de mi padre. Nuestra campaña electoral estaba basada en la pasión y el entusiasmo. Nos hacía falta un tipo de organización de la que carecíamos por completo. Por más voluntad y ganas que ponían Gregorio "Goyo" Zidar, Orlando Salvestrini, Carlos Bottaro, Julio Ramos y Osvaldo Cabano, entre muchos otros, la escala me parecía sobrehumana. Teníamos que establecer sistemas de trabajo, repartir responsabilidades, generar los encuentros con los socios y desarrollar una larguísima lista de tareas logísticas. Necesitábamos difundir nuestras propuestas en los medios especializados. La política del club también encontró un lugar: había que buscar alianzas con las agrupaciones que eran más afines con la idea del nuevo Boca que intentábamos instalar.

No era fácil comunicar lo que queríamos hacer. En aquel momento, Torneos y Competencias tenía un enorme peso entre los medios de comunicación deportivos. La empresa de Carlos Ávila contaba con los derechos de televisación del fútbol y tenía una fuerte simpatía por la gestión de Alegre y

Heller. Por suerte, Gerardo Sofovich, el inolvidable productor e hincha de Boca, compartía nuestro *para qué*. Su programa *Tribuna caliente* me dio la oportunidad de contar con un espacio en TV desde el que pude comunicarme directamente con los hinchas.

A partir de ese momento entendí un concepto que tuvo una enorme importancia en mi manera de entender la comunicación y que proviene de la lógica del judo. En el judo, la fuerza proviene del oponente y no de uno mismo. Descubrí que cuanto más se indignaba Heller con mi candidatura y más agresivo era conmigo, más simpatías despertaba yo entre la gente de Boca. Desde entonces, la agresión y los ataques de mis rivales se convirtieron siempre en un componente muy importante de mi fortaleza.

Necesitaba que mi proyecto fuese disruptivo. Quería dejar en claro que mi presidencia no sería más de lo mismo. Buscaba encontrar aquello que fuera capaz de simbolizar el comienzo de una nueva etapa. Debía ser algo físico, que se pudiera ver, tocar, experimentar. La pasión se vuelve abstracta si no se encarna en lo concreto. Mi razonamiento de ingeniero se abrió paso y surgió la idea de reconstruir el estadio y convertirlo en una nueva Bombonera. Era el momento de transformar el lugar físico de la gloria y ponerlo a la altura de los tiempos.

Los que hemos decidido participar públicamente sabemos que existen costos personales que no hay más remedio que afrontar. En mi caso, mis rivales desataron una enorme cantidad de mensajes que apuntaban a descalificarme. Había conocido ya la estigmatización de mi padre, en su rol como empresario, lanzada desde algunos sectores de la política y el periodismo. Pero ahora era yo mismo el que había decidido exponerse a los prejuicios y las mentiras. *"El principito"*, *"el niño bien"*, el *"hijo de papá"*, *"el joven inexperto que no tiene calle"* eran solo algunas de las frases con las que intentaban debilitarme. La carga negativa del resentimiento y la subestimación me enseñó a permanecer en mi eje siempre. No responder, no prestar atención, no devolver los ataques personales requiere de un aprendizaje profundo. Aquella primera campaña electoral también me ayudó a crecer.

Alegre y Heller habían marcado el año 1995 con dos hechos de enorme impacto en la gente de Boca: la llegada de una figura histórica del club como Silvio Marzolini en el puesto de entrenador y el regreso de Diego Maradona al equipo. Junto a él, se anunció el arribo del Kily González, Claudio Caniggia y Darío Scotto.

Finalmente, llegamos a aquel domingo 3 de diciembre. Boca Juniors encabezaba la tabla de posiciones del torneo y tenía un partido difícil por delante contra el Racing Club de Avellaneda. La ansiedad me superaba. A la mañana aún no sabía nada. Recién después del mediodía empecé a sentir que algo estaba cambiando. Las encuestas en boca de urna nos decían que estábamos cerca. Pero nadie se atrevía a asegurar un resultado. Caminaba de un lado al otro. No quedaba más remedio que esperar.

Esa tarde hubo diez goles en la Bombonera. Seis de Racing y cuatro de Boca. Y yo gané las primeras elecciones en las que participé. Fue una emoción doble. Había liderado un proyecto nuevo y, al mismo tiempo, cumplía mi sueño más antiguo. Era también el triunfo de la gente sobre los prejuicios. Era el triunfo del cambio sobre el *statu quo*. No sabía que empezaba una década maravillosa. ¿Cómo iba a saberlo? Pero estaba seguro de que estaba por comenzar el viaje más increíble de mi vida. Me había encontrado con mi *para qué*.

Unos días después de las elecciones sonó mi celular. Era la mamá de un compañero del colegio. Le había pedido mi número a su hijo porque quería contarme algo. Me dijo: *"Mauricio, vos no te acordarás, pero cuando tenías once años viniste una tarde a jugar a casa y me dijiste que cuando fueras grande ibas a ser presidente de Boca".*

5

Entre los sueños y la realidad

Experimenté en carne propia aquella idea del liderazgo como un sueño compartido en mi etapa como presidente de Boca. A finales de 1995 tomé conciencia de que comenzaba la segunda parte de mi historia. La primera concluyó el domingo de las elecciones. Había llegado el momento de convertir mi sueño, que para entonces ya no era mío sino el de mucha gente, en hechos.

Sentía el respaldo de miles de socios y las muestras de apoyo y cariño que recibía se multiplicaban. Pero cuando llegaba a casa después de los primeros días al frente del club y lograba estar un rato a solas, aparecía un sentimiento muy fuerte: la responsabilidad.

Había logrado que me creyeran y me acompañaran. Mi responsabilidad era devolver todo lo que había recibido cumpliendo con la palabra empeñada. Intuía, con razón, que a partir de ese momento estaría bajo una mirada implacable. El ojo de los millones de hinchas de Boca de todo el país se había puesto sobre mí. Era un mundo nuevo. Como en Sideco y en Sevel, sentía la obligación de estar a la altura de lo que yo mismo había generado.

Cada uno de mis planes y mis proyectos dependería de una sola cosa para poder ser realidad. Tenía que satisfacer las aspiraciones urgentes de la gente de Boca, aspiraciones que se resumen en una única palabra que tiene poderes mágicos en el mundo del fútbol: *ganar*. Pero por mi parte sabía que los resultados deportivos corrían el riesgo de demorarse. Siempre creí, y Boca me lo reafirmó, que las instituciones están primero. Para poder tener resultados positivos en cualquier lugar, hace falta una base institucional sólida. De esa fortaleza, aun en un club de fútbol, nace una mística del cambio. Sin esa mística es imposible alcanzar el éxito.

Mi urgencia era diferente de aquella de los hinchas. Mis propuestas de campaña incluían ideas que tenían un fuerte componente simbólico, que se pudieran implementar rápidamente. Así llegué a la conclusión de proponer una reforma y una puesta en valor de nuestro estadio. La obra me llevaría seis meses y me permitiría ganar el tiempo necesario para llevar adelante los cambios que hacían falta y consolidar mi autoridad. Llevaba a los estudios de televisión la maqueta que mostraba cómo iba a quedar la Bombonera una vez reformada.

El arquitecto Carlos Sallaberry, del estudio de Justo Solsona, responsable del diseño del estadio mundialista de Mendoza, me propuso hacer una reforma del sector de los viejos palcos, terminar con el viejo foso que separaba el campo de juego de las plateas, construir sectores para el trabajo de prensa (desconocidos por entonces en Argentina), reconstruir baños y otras instalaciones para poder contar con un estadio a la altura de la mística de Boca.

Fue una decisión clave porque implicó pasar de las palabras a los hechos. Decidí afrontar los costos del proyecto arquitectónico de mi bolsillo. Estaba apurado y la ansiedad me llevó a hacer algo que estaba al límite de lo permitido por los reglamentos internos del club.

Finalmente, alquilé una topadora y por primera vez en la vida me subí yo mismo a conducirla. Apunté hacia los viejos palcos que daban a la calle Del Valle Iberlucea. Así comenzó la demolición. Pero tenía un problema: había pasado por alto que la asamblea de socios no se había reunido aún para aprobar la reforma que ya estaba licitada y en marcha. No tenía alternativa. Sentía la urgencia de mostrar resultados y sabía que las obras llevarían meses.

Había comenzado mi gestión en los últimos días de 1995 y quería llegar al 3 de abril de 1996 con las obras terminadas para poder inaugurarlas con motivo de cumplirse un nuevo aniversario de la fundación del club. Cuando finalmente se celebró la asamblea de socios, no hubo mayores inconvenientes y las obras se aprobaron con un amplio apoyo. Pero hubo una excepción. Una mujer, la doctora Estela Iribarren, si mal no recuerdo, la única mujer que tenía participación activa en la vida institucional del club en aquel momento, se puso de pie. Mirándome fijo y enojada, me dijo: *"Ingeniero Macri, usted nos pide que aprobemos la construcción de una tribuna nueva pero la tribuna vieja ya no está. ¿Qué alternativa tengo?"*.

Producto de mi entusiasmo y de mis ganas de hacer había quebrado un límite. Al finalizar la asamblea, me acerqué a ella y le ofrecí mis disculpas. Sabía que en un punto ella tenía razón. Le expliqué cuáles habían sido mis motivos y nos quedamos conversando por un largo rato. Sentía que ambos nos habíamos podido escuchar y entender. Muchos años después, aquella mujer fue un importante apoyo cuando pasé al Gobierno de la Ciudad de Buenos Aires. Aquel día acordamos que juntos haríamos la inauguración oficial de los nuevos palcos en cuanto estuvieran concluidas las obras.

Mi segundo gran acto simbólico tuvo que ver con otro compromiso asumido en la campaña. Había propuesto que Boca debía recuperar sus divisiones inferiores. Entendía que en los chicos que empezaban a jugar y a destacarse como deportistas estaba buena parte de la identidad necesaria para el cambio que estábamos buscando. En el camino a la recuperación de la mística quería lograr que los hinchas se identificaran con las historias de jugadores que habían surgido del propio club. Pero para lograr este objetivo fue necesario modernizar la estructura de las inferiores, actualizar el método de trabajo, los entrenamientos y, sobre todo, la formación conjunta entre la educación y el deporte. Construimos instalaciones de primer nivel para los chicos en Casa Amarilla. Como resultado, los jugadores más jóvenes, que vivían y entrenaban en el club, comenzaron a desarrollar un fuerte sentido de pertenencia.

Mi apuesta en esta dirección tuvo nombre y apellido. Había prometido contratar a Jorge Griffa para ponerlo al frente de las inferiores del club. En realidad, contraté a Griffa antes de las elecciones porque no quería perderlo. Había asumido el compromiso de pagarle un año de sueldo de mi propio bolsillo si llegaba a salir derrotado. Por su experiencia y trayectoria al frente de innumerables chicos y jóvenes, Griffa era la persona indicada para llevar adelante el proyecto que tenía en mente.

Ambos símbolos, la reforma del estadio y la incorporación de Griffa al frente de las divisiones inferiores, significaron tomar grandes riesgos. La relación entre el liderazgo y el riesgo es un tema sobre el que voy a volver en más de una oportunidad. No hay liderazgo sin riesgo. En otras palabras, no existe ningún seguro que un líder pueda tomar para evitar superar la incertidumbre. Pero estos riesgos que asumí tenían un sentido muy claro. Quería que se convirtieran en un mensaje para todos los que nos habían acompañado con su voto: quería transmitir que todo lo que estábamos haciendo iba en serio y que no habría marcha atrás.

La situación financiera causada por los compromisos heredados de la gestión anterior hicieron muy difícil el trabajo desde el primer día. El control que Carlos Heller había tenido del club en la última parte del mandato que me antecedió tuvo efectos desastrosos, en particular en el plano de la relación de los jugadores con el club.

Heller había instalado una curiosa concepción ideológica en el plantel. Había engañado a los jugadores haciéndoles creer que Boca era una suerte de gigantesca cooperativa que los convertía en accionistas del club, muy lejos de su condición de empleados contratados.

Al poco tiempo de mi llegada, se desató una fuerte crisis con el plantel profesional. Debía redefinir los pagos que cobraban los jugadores por jugar los encuentros amistosos del verano. Los largos años de desorden habían hecho su trabajo, las prioridades se habían alterado y las cuentas no cerraban por ningún lado. En este sentido, el verano de 1996 fue inolvidable porque me trajo el primero de una serie de aprendizajes que fueron vitales para todo lo que vendría después.

La reunión fue en Mar del Plata. Comenzó después de cenar y terminó tras horas de discusiones, bien entrada la madrugada, poco antes del amanecer. Allí estaban el Mono Navarro Montoya, el Colorado Mac Allister, Gamboa, Fabbri y Carrizo. Los jugadores hicieron un reclamo de dinero imposible de satisfacer. Exigían ni más ni menos que la mitad de todos los ingresos de Boca por los amistosos. No solo se trataba de algo alejado de las posibilidades económicas del club. Era antes que nada un reclamo irracional.

La historia tuvo su origen en la irresponsabilidad de Carlos Heller, el exvicepresidente, quien en un alarde de demagogia les había repetido por años a los jugadores que el club les pertenecía. Y ya en el colmo de la locura, les había asegurado que el dinero que recibían en concepto de pagos por jugar representaba ese mismo cincuenta por ciento que ahora me reclamaban en Mar del Plata. Los jugadores voceros del reclamo se expresaban como si fueran propietarios o, al menos, copropietarios del Club Atlético Boca Juniors. Por ende, sentían que contaban con la autoridad necesaria para decirme que su poder estaba por encima del que tenía el entrenador o el presidente elegido por el sesenta por ciento de los asociados.

La discusión fue subiendo de tono. Les intenté explicar que Heller les había mentido. Que sus ingresos no representaban más que el veinticinco por ciento del total de los del club. Se trataba de la mitad de lo que él les había asegurado. Miré fijamente a los ojos a cada uno y les dije: *"No solo les mintió Heller. Quiero que les quede claro una cosa: para Boca será imposible sostener ese veinticinco por ciento"*. Me respondieron insistiendo con la idea de que ellos eran los verdaderos símbolos de Boca. Recuerdo que me puse firme y les dije que se estaban equivocando. Que Boca iba a seguir siendo Boca con o sin ellos. Que eran empleados y no socios. Y que la responsabilidad principal de Boca es con su historia y no con las personas.

Fue una reunión muy dura. Pero fue otra señal para aquellos que estaban dispuestos a acompañar el proceso que hacía poco habíamos iniciado. Fue mi manera de explicitar *para qué* estaba yo allí. Y fue también un modo de dejar claras las prioridades que tendríamos que compartir en adelante para lograr aquello a lo que nos habíamos comprometido.

La pregunta sobre ese *para qué* se prolonga en otra, muy parecida: *para quién.* ¿Para quién trabaja el presidente de Boca? Me hice varias veces esa pregunta y siempre encontré la misma respuesta. Mi responsabilidad era con los socios y con la institución. No era, pese a mi propia condición de hincha, con las estrellas del plantel. Si entendía que mi responsabilidad pasaba por satisfacer la voluntad de los jugadores, por legítima que pareciera a primera vista, mi liderazgo se desmoronaría como un castillo de arena en la playa. Y ocurriría mucho más rápido si además el club se fundía a causa de ceder ante la demagogia.

Nuevamente me encontré reflexionando acerca de la cuestión del cambio cultural. Las transformaciones en Boca, como luego las de la Ciudad y las de la Nación, no pasaron solamente por las obras, las mejoras institucionales y el mayor bienestar de los hinchas, los vecinos o los ciudadanos. Comencé a darme cuenta de que había algo que iba más allá. Algo que tiene una dimensión más grande y compleja. Era la primera vez en muchísimos años que Boca tenía un presidente que anteponía el orden administrativo y económico del club a la idolatría de los hinchas por los jugadores.

El cambio cultural que estaba proponiendo era mucho más difícil que reformar un estadio o darle mayor protagonismo a las divisiones inferiores. Requería una renovación en la manera de enfrentar las resistencias. Transformar la cultura de una comunidad, ya sea la de una empresa, un club, una ciudad o un país, es algo sumamente difícil y exige procesos que demandan mucho tiempo.

Los conflictos por los contratos y los premios nos llevaron a tener que prescindir de algunas figuras importantes, como el Mono Navarro Montoya y Mac Allister. Años después, cuando nos encontramos defendiendo las mismas ideas, convoqué al Colo Mac Allister a sumarse al equipo de gobierno como secretario de Deportes. Con la misma convicción con la que defendía en Boca, me dijo que con el tiempo había entendido que mi posición en aquel verano había sido la correcta.

El mundo del fútbol, en tantas cosas tan parecido a otros mundos que conocería después, me llevó a tomar una posición muy firme en contra de la corrección política y de todo aquello que se daba por sentado, de los sobreentendidos y de lo que era aceptado sin discusión. Me permití a mí mismo desconfiar de los dogmas que el fútbol argentino había construido y que había convertido en falsas verdades que parecían irrefutables. Quise demostrar lo insólito de sobrevaluar los premios a los jugadores por sus resultados y llegué a declarar que salir campeón era un mal negocio para Boca.

Había resuelto desafiar al universo tradicional del fútbol y la lógica que lo había llevado a su decadencia. El pago de premios cuando Boca obtenía un título destrozaba las finanzas del club. Año a año, la solución era endeudarse o vender algún jugador valioso para que los demás jugadores pudieran cobrar. Propuse diferentes alternativas para resolver esta cuestión, principalmente a través de incrementos en los pagos que reciben los clubes por los derechos de televisación de los partidos. Pero no pude lograr el apoyo necesario para cambiar este sistema y tuve que aprender a convivir con él.

Nada nos gusta más a los hinchas que ver a nuestro equipo ganar torneos, dar vueltas olímpicas y levantar copas. Es la cara visible del fútbol, la que más vende en los medios. Pero a contrapelo de prácticamente toda la dirigencia, estaba decidido a incorporar dimensiones económicas y financieras a la gestión. Los dirigentes del fútbol, como los de la política, al igual que los hinchas y muchos periodistas, eligen muchas veces no ver los costos ocultos que tienen las decisiones económicas irresponsables que se toman con el dinero que es ajeno.

En este sentido, el proceso de recuperar la gloria incluyó también una dura batalla por la reforma del Estatuto del club. Estoy orgulloso de haberla dado y de haber logrado finalmente que los dirigentes de Boca se hicieran responsables con su patrimonio personal de las decisiones que tomaban con el dinero de la institución. A la distancia, encuentro que fue algo revolucionario para los bajos estándares del fútbol argentino.

Hizo falta mucha locura para imponer este criterio. Me acusaron de elitista, de pretender que solo las personas con grandes patrimonios pudieran acceder a formar parte de la dirección del club. Se trata de todo lo contrario: todos pueden participar. Todos los que deciden ser parte de la conducción a través de su voto en la asamblea de socios, en la Comisión Directiva y hasta el propio presidente deben ser responsables. Tras la impugnación judicial que impusieron los sectores allegados a Heller lo logramos.

Para hacer de Boca un club hegemónico, tal como había prometido, comencé a planificar el desarrollo con una visión de largo plazo. Tenía que generar un cambio en el club que nos permitiera mirar más allá del siguiente domingo. Poco a poco una idea empezó a tomar forma. Se trató de otra revolución: la creación de un fondo de inversión con el objetivo de financiar la renovación del plantel. El modelo tenía su origen en los deportes ultra profesionalizados en los Estados Unidos.

El fondo, que comenzó a cotizar bajo la extraña sigla *BoJuF*, realizó su oferta pública en septiembre de 1997 con títulos por un valor de cien dólares. Entre los suscriptores había inversores de todos los niveles, desde los más pequeños, que participaban con mil o dos mil dólares hasta inversiones millonarias. Entre todos sumaron más de mil quinientos boquenses interesados en ser parte del crecimiento del equipo. En una semana, el fondo alcanzó una dotación superior a los doce millones y medio de dólares. Por supuesto y como toda iniciativa innovadora, trajo con ella una serie de críticas infundadas y nuevos prejuicios disparatados.

El trabajo alrededor del fondo fue un camino fascinante que llevó meses, en el que tuvimos que ir convenciendo uno a uno a los dirigentes del club. Había llegado el momento de dejar atrás la antigua lógica de las alianzas entre los clubes y los representantes de los jugadores que era típica del fútbol argentino por entonces. Lamentablemente, sigue siendo así. Aún hoy la transparencia continúa ausente. No es casual que esa falta de transparencia sea impulsada por muchos de los que se oponen a la transformación de los clubes en sociedades anónimas deportivas. Es un caso extraño, porque buena parte del fútbol ya está privatizada a través de estas a relaciones poco claras que establecen los dirigentes y que son producto de la mala administración de los clubes.

Las resistencias eran enormes. La imagen de corrupción que la dirigencia del fútbol había acumulado con los años era gigante. Tomé una decisión drástica para que todo quedara claro desde el primer momento. Yo mismo avalé con mi patrimonio personal el fondo. Sabía que era un paso necesario para lograr la aceptación de todos. Lo hice convencido de que estábamos ante un camino que merecía ser transitado.

Para cumplir con todas las normas y procedimientos requeridos por la ley, tuvimos que presentar nuestra idea ante las autoridades de la Comisión Nacional de Valores. Aún hoy creo que nunca antes habían escuchado nada igual. Sus caras de sorpresa lo decían todo. Visto desde el presente parece increíble. Pero en la Argentina de los años 90 la idea de crear un fondo de inversión destinado a la compra de jugadores de fútbol era pionera y, por qué no, también temeraria.

Fue otra señal de que las cosas estaban cambiando. Los hinchas aceptaron el proyecto. Fue un paso firme que me permitió ratificar que estábamos en el camino correcto. El fondo resultó un éxito y terminó siendo rentable para quienes invirtieron su dinero en él. A su vez, fue el elemento que nos permitió traer a jugadores de la importancia de Martín Palermo y Guillermo Barros Schelotto, entre otros.

El trabajo de un líder no es tan solo ordenar las cuentas. La innovación cumple un rol vital. Decidimos romper las reglas cuando comenzamos a trabajar con la gente de Nike en los nuevos diseños de la camiseta. Cuando presentamos aquella versión con la franja amarilla separada de las azules por dos pequeñas líneas blancas, hubo hinchas que casi se infartan. Sin embargo, las modificaciones que fuimos introduciendo en la indumentaria del equipo generaron más y más pasión por parte de los hinchas, en particular de los más jóvenes, que descubrieron que Boca era ahora un club moderno y con un espíritu contemporáneo. El contraste con la imagen envejecida que tenía Boca cuando llegamos no pudo ser mayor. El resultado no hizo más que profundizar el ciclo. Una innovación lleva a la otra y el conservadurismo característico del fútbol comenzó a ceder paso al cambio.

Todas estas transformaciones no solo cambiaron a Boca. También me cambiaron a mí. Me dieron certeza sobre la fuerza de lo que habíamos puesto en marcha. Vistos a la distancia, aquellos años en Boca representaron mis primeros combates de lleno contra el populismo, ese sistema que habita con la misma comodidad el ambiente del fútbol y el de la política.

La idea, tan argentina, de gastar más de lo que se puede, de pensar solo en el corto plazo, de aceptar lo políticamente correcto continúa llevando a la quiebra a numerosos clubes enormemente populares. Esto me condujo a plantear la austeridad y la prudencia financiera como una regla de oro.

Había batallado duro contra la idea de tomar decisiones basadas exclusivamente en las emociones de hinchas, dirigentes y hasta de los propios jugadores. Descubrí que el *seguidismo* trae consigo costos visibles y otros que se demoran en aparecer y permanecen ocultos hasta volverse dolorosamente evidentes.

Existe una dimensión en la que el camino del líder se hace con la gente al lado, empujando todos juntos. Pero también existe al mismo tiempo otro plano en el que el camino se recorre en soledad. Fuimos muy pocos los que nos atrevimos a modificar algo que contaba con un alto grado de aceptación en el fútbol tal como era el rol de los jugadores profesionales dentro de la organización.

Afectar los intereses de los jugadores trajo problemas. Entre otras consecuencias, me regaló algunos apodos irónicos como el de *"Cartonero Báez"*, con el que me bautizó Diego Maradona, por aquel testigo humilde de la muerte de Alicia Muñiz, la pareja de Carlos Monzón. Sé que mi imagen fue antipática para algunos. Pero también estuvieron los que vieron en mi conducta un cambio que merecía ser apoyado y se comprometieron aún más.

Para buena parte del micromundo del fútbol, mi origen empresario era percibido como un defecto irreparable. Muchas de las críticas de entonces me acusaban de tratar a Boca como si fuera una empresa. Yo sabía y sé muy bien que Boca no es una empresa. Pero la aritmética es igual en las empresas, el fútbol o la política. Los objetivos son diferentes, la metodología de trabajo y el acceso también lo son. En cualquier actividad, la austeridad es un principio básico. Es algo fundamental para que los sueños salgan de tu mente y comiencen a hacerse realidad.

6

La razón y la pasión

A mediados de los años 90 Boca Juniors había perdido buena parte de su legendaria mística deportiva. Ser de Boca evocaba una profunda sensación de nostalgia por un pasado que parecía haber quedado irreversiblemente atrás. Aún estaban vivos los atributos del sentimiento boquense: esa dimensión arrolladora y apasionada basada en la pasión y la entrega, los elementos inmateriales que hacen a la identidad xeneize.

Sin embargo, toda esa masa de emociones no lograba canalizarse de manera orgánica. A los pocos meses de mi llegada a la presidencia del club seguía pareciéndome que estaba sobre un territorio minado en el que cada día aparecía una nueva bomba lista para explotar.

La pasión es una energía necesaria que no alcanza para transformar. En sí misma no produce resultados. Si no se construye una organización que la contenga y la haga productiva, la pasión no es más que una fuga de energía.

Había llegado con muchos años de experiencia empresarial acumulada. Había sido testigo y protagonista de importantes cambios en los modelos de gestión de las organizaciones. Había participado de innumerables reuniones en las que se discutían nuevos roles, la modernización de las estructuras directivas y la transformación de los sistemas de evaluación y toma de decisiones.

Pero Boca estaba a años luz de todo aquello. Los clubes de fútbol, como muchos otros sectores de la sociedad civil, no contaban con una dirigencia profesional. Entre quienes me acompañaban había personas cuya identidad boquense era indiscutible, gente apasionada que vivía con un fervor total su vínculo con el club. Pero en materia de gestión, todo lo que sucedía en Boca nacía de una lógica basada en la improvisación.

Al igual que sucedía con los jugadores, muchos dirigentes también se veían a sí mismos como si fueran los dueños de Boca. Algunos usaban el estadio como un salón de fiestas infantiles y celebraban los cumpleaños de sus hijos con torneos de penales en el campo de juego. Otros se desvivían por pasar tiempo cerca de los jugadores, discutir con el entrenador, ingresar al vestuario, tomarse fotografías con las estrellas del equipo y acompañarlos en los viajes a las provincias o, mejor aún, al exterior. Al final del día, la cultura del fútbol parecía convertir a los dirigentes en niños. Las ideas por las que habíamos batallado tan duramente durante la campaña electoral parecían haberse olvidado muy rápido. La racionalidad se rendía ante la condición de hincha que lleva dentro cada dirigente, muchos de ellos ejecutivos o empresarios brillantes en su vida profesional. El fútbol y su locura desbordante los transformaba.

Boca fue el lugar donde aprendí que el verdadero cambio es siempre un cambio cultural. No eran solo las ideas o las obras. En Boca, en la Ciudad de Buenos Aires y en la Nación tuve que enfrentar situaciones similares. Cambiar la cultura del poder fue mi desafío, una y otra vez, allí donde fuera capaz de llegar.

Contaba con el apoyo y la participación de algunas personas provenientes del mundo corporativo. Se habían sumado a mi aventura y llegaron a la Comisión Directiva del club junto a otros dirigentes tradicionales que venían desde mucho tiempo atrás. Aun con orígenes y trayectorias diferentes, antiguos y modernos se fusionaron con la vieja cultura del fútbol argentino.

Rápidamente, descubrí que las fuerzas del *statu quo* tienden siempre a neutralizar la voluntad de cambio. Recuerdo que Boca contaba con un gerente general, responsable de la gestión operativa. El pobre hombre vivía bajo presión, recibiendo órdenes contradictorias y pedidos de favores personales. En la Comisión Directiva nadie parecía entender la importancia estratégica que tenía esa gerencia. Mi visión era completamente opuesta. La autoridad del gerente general era clave en el día a día del club. Al desconocer su rol se ponía en peligro toda la organización. En una de las primeras reuniones de Comisión Directiva después de asumir la presidencia del club me planté y les dije: *"Señores, ustedes tienen todo el derecho de despedir al gerente general. Lo pueden hacer cuando quieran y depende exclusivamente de su decisión. Pero entre reunión y reunión de Comisión Directiva, el gerente general es quien manda y su autoridad debe ser respetada. No puede ser que cada directivo considere que puede dar órdenes según su criterio personal y contradecir todos los días al gerente. Así, esto va a ser un caos".*

Tuve que hacer mucha docencia y pedagogía para que comenzaran a comprender la importancia del rol que tenía aquel gerente general que trabajaba en el club y que había sido designado por la gestión que me había precedido. Apenas asumí la presidencia el gerente general me presentó su renuncia al cargo. No lo conocía, no había cambiado nunca una palabra con él. Le dije que no entendía cuáles eran los motivos por los que se quería ir cuando aún ni siquiera habíamos empezado a trabajar. Me respondió que le parecía lógico presentar su renuncia dado que él era gerente general por decisión de Antonio Alegre, el presidente saliente.

"No entiendo. ¿Usted es gerente de Antonio Alegre o gerente del Club Atlético Boca Juniors?", le dije sin anestesia. Sorprendido por mi pregunta, el gerente me respondió con enorme orgullo: *"Ingeniero, ¡yo soy el gerente general de Boca!"*. Entonces le pedí que se dejara de tonterías. Su única lealtad tenía que ser con Boca. Lo entendió y desde ese día trabajé con él y me dediqué de lleno a empoderarlo ante los demás dirigentes.

La primera lección estaba frente a mis ojos. En Boca era necesario cambiar la cultura. Ninguna organización funciona sin responsables, procesos y seguimiento de los avances. Mi propia experiencia me enseñaba que si no lograba cambiar la lógica de la institución, mis posibilidades de éxito se reducirían al mínimo. Tenía muy claro que la gestión del club debía reservarse a profesionales y estar sujeta a objetivos previamente acordados.

Al año de iniciada la gestión como presidente, me di cuenta de que estaba cometiendo un error. Creía haber encontrado un alivio frente a los cuatro o cinco dirigentes que más me cuestionaban y presionaban. Intenté contenerlos sumándolos a los viajes del equipo. Al fin y al cabo, nada atrae más a los dirigentes de fútbol —y al hincha que llevan dentro— que poder compartir la intimidad de los jugadores en aviones y hoteles. Pero había reconocido una falla en mi rol como líder. No solo no contenía a los rebeldes, sino que había generado un sistema que era profundamente injusto con quienes hacían su trabajo en silencio y con un perfil más bajo. Un día tomé conciencia de la gran injusticia que mi decisión había provocado. Todos tenían el mismo derecho a viajar con el equipo. Ideé un sistema rotativo para que nadie dejara de ser parte de los viajes. Los perjudicados se indignaron. Pero el resto celebró que yo apelara a otra de las dimensiones claves del liderazgo: la justicia y la equidad. No hay liderazgo sano sin una conducta ecuánime en la administración de premios y castigos.

Había desarrollado mi propio sistema de trabajo y poco a poco iba implementándolo en el club. De lunes a viernes, la razón. Los domingos, la pasión. Suena simple, pero no fue nada fácil. La situación era caótica. Todos querían hacer todo, todos querían tomar decisiones que terminaban en la desautorización de unos a otros.

Mantuve el mismo principio que había implementado en Sideco. Llegaba al club a las ocho de la mañana y pasaba horas y horas hasta bien entrada la noche. En un primer momento y salvando las enormes distancias, me encontré viviendo la misma situación que había vivido con aquel equipo del Cardenal Newman. Una vez más estaba haciendo de todo: era el presidente, pero también era el responsable del fútbol, de la limpieza, de acción social, estaba a cargo de las obras y ejercía el control presupuestario. Más que un trabajo *full time*, era *full life*. Lo disfrutaba, pero también lo padecía. Con el correr de los meses, puse todo mi esfuerzo en profesionalizar cada una de las gerencias del club para poder recuperar, finalmente, el rol de presidente para el que había sido elegido. Profesionalizar la estructura era el único camino para convertir a Boca en una organización moderna y eficiente.

Uno de mis compromisos en la campaña, junto con el de obtener un campeonato por año, fue el de convertir a Boca en un club hegemónico en la Argentina y en uno de los cinco clubes más importantes del fútbol a nivel mundial. No había manera de lograr un objetivo semejante sin aprender de lo que habían hecho y estaban haciendo los grandes equipos internacionales.

Esta visión global la heredé de mi padre. Papá recorría una y otra vez el mundo buscando a los socios más adecuados para cada proyecto. Aprendí a su lado que la integración al mundo es lo que genera crecimiento y progreso. No es una cuestión teórica. Es práctica. El encierro solo conduce al fracaso.

Para lograrlo había que correr los límites tanto de la pasión como de la racionalidad. Habíamos prometido la recuperación de la gloria perdida. Pero ¿qué representa la gloria? Es algo intangible, inmaterial, imposible de atrapar. Es un componente que tiene que ver con la mística. Sabemos cuándo hay mística y cuándo no la hay. No se compra hecha. No alcanza con el simple esfuerzo de la voluntad para alcanzarla.

Hacía falta, paradójicamente, más pasión y más racionalidad. En el fútbol, el componente emocional suele describirse como la acción de *"sentir la camiseta"*. Cuando aparece la pasión por la camiseta, no hay equipos grandes ni chicos. Es ese instante en el que la estrategia y la táctica se vuelven insuficientes. No es algo exclusivo del deporte. Es un concepto que he experimentado en los distintos campos en los que me tocó transitar. Está también en la empresa y en la política. Para un líder, se trata de algo fundamental. La diferencia la hacen las ideas y las emociones. Conozco a muchos mánager excelentes, que cuentan con todos los recursos académicos y técnicos que requiere una posición de liderazgo. Pero si no aparece aquel fenómeno de *"sentir la camiseta"*, el proyecto, el sueño colectivo, el *para qué*, nunca va a terminar de salir bien.

Para el líder, es una parte central de su trabajo. Él es quien debe unir la pasión por hacer a la racionalidad de hacer lo correcto. Ambos vectores se unen a través de su liderazgo. Son los indicadores más precisos del grado de compromiso del líder con lo que exige a quienes lo acompañan. El líder, en última instancia, tiene dos responsabilidades que le son propias: una, la de comunicar las ideas; y la otra, indelegable, la de transmitir las emociones.

7

Ver más allá del presente

"*¡Paciencia!*", me respondió Carlos Bilardo cuando le pregunté qué necesitábamos para depurar rápidamente el plantel y contar con un equipo competitivo. En 1996 Bilardo contaba con pergaminos más que suficientes para dirigir a Boca tras su desempeño con la selección argentina en las copas del mundo de 1986 y 1990.

El tiempo, tanto en el fútbol como en la política, es un recurso siempre escaso. Sin embargo, decidí aceptar el consejo del experimentado entrenador y me comprometí a conseguir los dos refuerzos que me había pedido sumar al plantel: José Basualdo y Juan Sebastián Verón.

Ordenar las prioridades y la secuencia de las transformaciones es un aspecto central de todo proceso de cambio. Es la única manera de evitar el caos y es a la vez un desafío extremadamente delicado. Cambiar a Boca significaba cambiar su infraestructura y su equipo. Lo primero estaba en mis manos intentarlo. Para lo segundo, no me quedaba más remedio que seguir el consejo de Carlos.

Bilardo me dijo con todas las letras: "*Mirá, Mauricio, falta mucho. Se tendrán que ir cinco y vendrán otros cinco. Se irán otros cinco y llegarán otros nuevos y así sucesivamente... Y en cuatro o cinco años habrá un equipo competitivo*". Me quedé helado. Cuatro o cinco años era un periodo de tiempo demasiado largo para el fútbol argentino.

Decidí controlar mi ansiedad y puse el foco en la generación de los recursos que serían imprescindibles para llevar adelante las transformaciones. Para poner en valor al nuevo Boca necesitábamos hacer un enorme esfuerzo de comunicación y así atraer nuevos auspiciantes, dispuestos a asociar sus marcas a nuestro proyecto.

Tuvimos un arranque espectacular con el remate de los nuevos palcos VIP y las nuevas plateas para clientes corporativos, ambos aún sin terminar. Fue algo totalmente inédito. Me puse frente a un atril con el martillo de rematador y fui generando las ventas de cada uno de los palcos y logré así triplicar los ingresos que esperábamos. Recaudé una suma para el club que estaba muy por encima de lo que necesitábamos para terminar el nuevo sector. Con ese excedente, pude construir las nuevas instalaciones para los juveniles en Casa Amarilla. Siempre me gustó el rol de martillero. Hasta entonces no había pasado de ser el rematador en La Subasta, un juego de cartas con el que solíamos divertirnos en las reuniones familiares y de amigos.

Vista en perspectiva, parece extraña la imagen del presidente de un club conduciendo un remate, transmitido en directo por televisión y rodeado de empresarios y celebridades. Había algo transgresor y novedoso que transmitía de manera muy clara que algo distinto estaba comenzando a hacerse realidad en Boca.

Estos cambios en la manera de comunicar dieron resultados muy pronto. Nike estuvo entre las primeras empresas en percibir el cambio e incrementó un sesenta por ciento el valor de su contrato a cambio de que Boca luciera la camiseta con su marca. La empresa Quilmes decidió acompañarnos con su presencia en la camiseta con un monto muy superior al que venía aportando la empresa Parmalat. Por su parte, Coca Cola también apoyó duplicando su aporte.

El negocio del fútbol había cambiado radicalmente en Europa y nos dedicamos a analizar las transformaciones más relevantes con el objetivo de incorporar nuevas prácticas. De esta manera pudimos iniciar desarrollos que nos mostraron la enorme oportunidad que venía de la mano del *merchandising*. Los clubes son también marcas cargadas de valores e identidad. Boca lideró de inmediato la gestión profesional de su marca generando nuevos ingresos. La marca oficial Boca pasó a formar parte de la vida cotidiana de los argentinos en innumerables productos de consumo masivo que deseaban asociarse al proyecto que estábamos emprendiendo.

No me canso de repetirlo. Comunicamos una idea nueva y logramos los resultados. Atrás empezaban a quedar los prejuicios. La innovación se imponía frente al modelo obsoleto de gestión. Incluso cuando el club aún no había dado los resultados deportivos tan ansiados, fue un enorme aprendizaje. La serie de cambios que estaba generando de la mano de la renegociación de los premios, la llegada de nuevos *sponsors* y el desarrollo de las licencias de uso de la marca y los símbolos del club nos permitieron dar vuelta la ecuación económica deficitaria que habíamos heredado de nuestros antecesores. Esto hizo posible que el club se fortaleciera y lograra contar con el dinero necesario para financiar de manera responsable los proyectos.

Hubo una apuesta aún más audaz. Fue la compra de jugadores juveniles. Otra vez, se trató de algo que nunca se había hecho hasta ese momento. Cuando reviso aquellos tiempos de formación, me doy cuenta una y otra vez que mi principal rival nunca es otro líder. Mi oponente principal siempre ha sido y sigue siendo el *statu quo*. Es ese enemigo visceral que se coloca dentro de uno mismo, que te rodea y te envuelve con un mensaje conservador. *Para qué cambiar, para qué correr riesgos, por qué hacer lo que nunca se hizo, por qué ir en contra de la rutina.* Todo esto tiene un nombre: miedo.

La idea de contratar a jugadores juveniles despertó polémicas y controversias. Pero yo estaba convencido. La llegada de los juveniles, muchos de los cuales se convertirían años después en estrellas indiscutibles, encerraba una oportunidad inmejorable. Así se sumaron a Boca nombres que harían historia, como Ruiz, La Paglia, Coloccini, Moreno, Samuel y, sobre todo, Tévez y Riquelme. Sin dudas íbamos a tener que esperar el desarrollo de su talento: nadie ni nada aseguraba que un adolescente que jugaba bien se transformaría pasado el tiempo en un deportista de alto rendimiento.

La apuesta por los juveniles terminó teniendo un éxito enorme. Fue la inversión más rentable realizada por el club durante toda mi gestión y rindió sus frutos en un período muy breve. Boca multiplicó por diez su inversión inicial y obtuvo ingresos por treinta millones de dólares. El caso emblemático de esta apuesta fue sin dudas el de Juan Román Riquelme.

Recuerdo cuando le pedí a Bilardo que le diera una oportunidad a Riquelme como titular. Siempre sabio, Bilardo me respondió que aún no estaba a punto. Que le faltaba madurar como para estar en condiciones de soportar el peso de la camiseta. Ese momento llegó unos meses después, contra Unión en la Bombonera. Con menos de dieciocho años, Riquelme ingresó al campo de juego e hizo su primer gol en Boca.

En lo futbolístico, 1996 fue un año para el olvido. Comenzó a producirse el recambio del plantel tras la salida de Navarro Montoya, Fabbri y Mac Allister, quienes habían liderado los reclamos por los montos de los premios. A su vez llegaron nuevos jugadores, como Abbondanzieri, Cagna, Rambert, Toresani, Cedrés, Cáceres, Pompei y Latorre.

Diego Maradona era la estrella indiscutida del plantel. Sin embargo, estaba lejos del rendimiento extraordinario que todos habíamos conocido. En aquel tiempo tuvo el duro récord de errar cinco penales consecutivos, algo inexplicable. Por otro lado, manifestaba un fuerte rechazo a aceptar la conducción de Bilardo como director técnico. La relación entre ambos era de una enorme complejidad. Las personalidades de los dos, apasionadas y temperamentales, parecían estar destinadas a chocar sin remedio. Tras mucho trabajo e infinitas conversaciones con ellos logré lo que parecía imposible: que pudieran trabajar juntos.

Nunca voy a olvidar aquel primer partido con Maradona y Bilardo el viernes 8 de marzo de 1996. Mientras se realizaban las reformas en la Bombonera, habíamos dispuesto que Boca jugara como local en el estadio de Vélez, en el barrio de Liniers, en el otro extremo de la ciudad. Ganamos 4 a 0. Todo parecía una fiesta. Parecía que estábamos tocando el cielo con las manos.

Me detengo en este punto porque significó otro aprendizaje para mí que creo que es válido para cualquier líder.

Aquella goleada me había puesto eufórico. Ahora sí, me decía a mí mismo, empieza otra historia. Pero Bilardo me llamó a la realidad. Me detuvo en seco en el vestuario y me dijo una de las frases más importantes que le escuché: *"Calma, Mauricio. Un partido no es un campeonato"*.

Muchas veces caemos en la tentación de confundir las dimensiones de los logros que conseguimos a lo largo del camino. Creemos que ya alcanzamos la meta y en realidad apenas estamos transitando los primeros metros de la carrera. Equivocarse en este punto puede ser fatal.

La alegría de aquel partido fue efímera y tuve que reflexionar profundamente sobre la situación que estaba atravesando como líder. Aún no se había logrado establecer un orden en el equipo. Y Maradona era un factor de tensión permanente. Fiel a su estilo, Diego no aceptaba las reglas y Carlos no lograba imponérselas. El club era una olla a presión y yo percibía que estaba por explotar.

De pronto todo parecía salir mal. En junio, Vélez nos goleó en un extraño partido en que el árbitro Javier Castrilli expulsó a Maradona, Carrizo y Mac Allister. Desbordado, tomé la decisión de participar por la noche en el programa *Fútbol de Primera*, el más importante de fútbol, en el que se emitían los goles de la fecha. La actuación de Castrilli me había indignado. Expresé ante Marcelo Araujo y Enrique Macaya Márquez que veía una conspiración en contra de Boca y llegué a proponer un disparate: que la hinchada de Boca dejara de asistir a los estadios donde jugábamos como visitantes. Era un hecho que la recaudación de cualquier club crecía exponencialmente cuando jugaba contra Boca. De inmediato me encontré en la obligación de pedir disculpas y reconocer mi error. Las broncas del hincha no pueden ser expresadas por el presidente del club. Más allá del enojo que tenía como hombre de Boca, como líder debía cumplir con mi rol institucional.

La seguidilla de malos momentos incluyó una gira por China en pleno campeonato que nos dejó afuera del torneo local. Claudio Caniggia volvió al club proveniente de Europa una semana más tarde de lo acordado. Cuando llegó el momento de la reapertura del estadio tras las reformas, lo que debió ser una fiesta terminó empañado por una histórica caída ante Gimnasia y Esgrima de La Plata, que nos anotó un 6 a 0 para la vergüenza.

La situación con Caniggia se hizo insostenible y su remuneración se había convertido en un costo impagable para el club. Los refuerzos que habíamos convocado no lograban adaptarse a las exigencias de Boca. El equipo estaba mal y Bilardo no lograba conducirlo. Su personalidad le jugó una mala pasada y los conflictos se hicieron cada vez más duros y frontales con todo el mundo: periodistas, dirigentes y jugadores.

Me encontré ante una de las decisiones más difíciles de mi periodo como presidente de Boca. Los hinchas no dejaban de mostrar su insatisfacción con el técnico. Si bien mi relación con Bilardo era excelente y de enorme respeto, él decidió que ya no podía seguir. Había cumplido el primer año de un contrato de dos y decidimos de mutuo acuerdo la rescisión. Carlos había llegado en busca de una revancha y obtuvo una derrota. Una nueva lección: el fútbol no perdona.

8

Decir que no

Pocas cosas hay más importantes en el trabajo de un líder que saber decir que no. El sí es siempre más fácil, más cómodo, más simple. Cuando se dice que sí es posible que muchos acompañen. El no, en cambio, es en la mayoría de las ocasiones una expresión solitaria.

Fueron muchas las ocasiones en las que como líder dije que no. La lista de ejemplos es muy extensa y diversa. El no, el rechazo a hacer algo que vulnera aquello de lo que uno está convencido, resulta siempre una guía ética para el propio líder y también para quienes lo acompañan.

He dicho que no mil veces y mil veces volvería a hacerlo. En el fútbol, en la política y en mi vida personal. El no de un líder está siempre asociado al sentido de responsabilidad, a cuidar el proyecto común. En cada no que dije puse mucho en juego. El verdadero liderazgo se juega ahí.

En Boca, el no tuvo que ver sobre todo con cuestiones económicas, con cuidar el balance del club y sus cuentas. A veces decir que no es tremendamente difícil, sobre todo cuando uno se queda solo y quienes te rodean consideran que se debe decir que sí. Ese ruido interior desafía el ego, puede hacer que el líder sea percibido como terco o caprichoso en su negativa. Es lo que me ocurrió en 1997, cuando debí enfrentar enormes presiones para sumar a Boca a José Luis Chilavert, el carismático arquero de Vélez Sarsfield. En aquel momento ya se había producido el alejamiento de Bilardo y había comenzado una nueva etapa con Héctor Veira como entrenador. La situación volvió a ser de fragilidad. Aquel 1997 fue otro año perdido en lo deportivo mientras nuestro máximo rival, River Plate, no dejaba de acumular campeonatos.

La necesidad de contar con un nuevo arquero era evidente. Córdoba aún no había llegado y ya habían pasado por el arco Guzmán y Navarro Montoya. Por su parte, Abbondanzieri aún no estaba en condiciones de ocupar la posición. El reclamo por Chilavert era incesante. En una época anterior a la revolución de las redes sociales, hay que imaginar o recordar el rol que tenían la televisión, los diarios de papel y la radio con mensajes repetidos día y noche que anunciaban el "*inminente*" pase de Chilavert a Boca. Más temprano que tarde el clamor llegó a la Comisión Directiva.

En la sala de reuniones de Boca el clima era irrespirable. Unos y otros hablaban, gritaban y se interrumpían para pedir que se contratara a Chilavert. Del otro lado éramos muy poquitos. Apenas el vicepresidente, el tesorero, dos o tres miembros de la comisión y yo. El precio pedido por el pase era exorbitante: cinco millones de dólares más un millón y medio de salario por año, lo que triplicaba lo que recibían los jugadores más caros del plantel.

Una vez que logré calmar los ánimos propuse escuchar los argumentos de cada uno de los integrantes de la Comisión.

Todos hablaban del carisma de Chilavert, de que se trataba de un jugador muy especial, de lo que podría significar para Boca, de que era el jugador que necesitábamos para empezar a ganar campeonatos y demás. Finalmente, me tocó hablar.

Como me ocurrió tantas otras veces, sabía que estaba derrotado antes de decir nada. Decidí hablar sin hacer ninguna especulación personal. Simplemente quería ser fiel a mis convicciones y ser escuchado. Me salieron palabras emotivas y sinceras.

Fui directo al grano. Hablé del orgullo que sentía por presidir la Comisión Directiva que había reformado el estadio, equilibrado las cuentas y modernizado al club. Recordé que ya teníamos en funcionamiento una de las mejores divisiones inferiores del país. También reconocí que tenía plena conciencia de que en el plano futbolístico no había dado las alegrías que demandaba la hinchada. Pero llegado un momento decidí ser categórico y afirmé que de ninguna manera y bajo ninguna circunstancia estaba dispuesto a hundir económicamente a Boca Juniors. Les pedí que reflexionaran por un instante acerca de una de las grandes verdades del fútbol y de cualquier ámbito: *"Ningún jugador por sí mismo garantiza el éxito del equipo"*. Llegado ese momento lancé una frase que aún resuena en mi memoria: *"A lo mejor mi destino es ser un presidente no ganador. Pero yo no voy a fundir a Boca para traer a un jugador"*.

Tal vez ese día fue la primera ocasión en la que me encontré frente a un problema recurrente en la cultura dirigencial argentina. La idea de encontrar el atajo, la medida mágica que lo cambie todo de la noche a la mañana o la llegada del hombre providencial. Son ilusiones. Espejismos del fútbol y de la política. Todos esos caminos solo logran en el mediano plazo hacerte volver al punto de partida.

Creí que había logrado contener la ansiedad de la Comisión Directiva con mi mensaje. Pero me equivoqué y la tranquilidad no duró mucho. Pocas semanas después, me llamó Maradona. Diego quería que supiera de su boca que si bien él detestaba profundamente a Chilavert, entendía que el equipo lo necesitaba. Me pidió que lo volviera a pensar. Junto a Maradona, el cuerpo técnico también insistía en traer al arquero paraguayo. Me sentí atrapado. No tenía más opción. Tenía que acordar.

Yo también soñaba con un gol de Chilavert a River de tiro libre. Era una imagen tentadora y maravillosa. Pero más allá de mis fantasías, sabía que la cuestión económica traería innumerables problemas en el vestuario. Volví a reunirme con la Comisión Directiva y planteé que estaba dispuesto a hacer una única oferta por Chilavert. Serían tres millones y ni un dólar más, más los gastos incluidos. Logré que tanto la Comisión como Maradona entendieran que este era el mayor precio posible. Cualquier suma superior, tal como pretendía Vélez, habría significado un abuso. De hacerse la operación, sería una hipoteca destinada a pesar sobre las finanzas del club por varios años. La Comisión aceptó mi propuesta. Pero faltaba un último paso: reunirme con Raúl Gámez, presidente del club Vélez Sarsfield y titular del pase del arquero.

Gámez me recibió con amabilidad y algo de soberbia en un salón de la AFA, en la calle Viamonte. Por supuesto, estaba al tanto de las idas y vueltas con el pase de Chilavert en Boca. Estaba seguro de que finalmente obtendría lo que había pedido. Le pedí que nos diera algo de financiación y, para mi sorpresa, me dijo que podríamos pagarle la mitad al contado y la otra mitad a los treinta días. Las cosas no estaban saliendo bien. Para que mi propuesta fuera sustentable desde el punto de vista financiero, necesitábamos al menos un año de plazo para completar el monto total de la operación.

Cuando le dije a Gámez que Boca ofrecía tres millones, se puso colorado como un tomate. La sonrisa se borró de su cara, me miró ofuscado y me dijo que de ninguna manera iba a aceptar menos de cinco millones de dólares. Le dije que la que había escuchado era mi única y última oferta.

Molesto, el presidente de Vélez me dijo que no tenía nada más que hablar conmigo. La oferta había sido rechazada. Por mi parte, reconozco que no pude dejar de sonreír de oreja a oreja. Gámez se ofendió. Pensó que me estaba riendo de él. "*¿Y ahora vos de qué te reís? ¿Qué te causa tanta gracia?*", me dijo, enojado. Le contesté la verdad. Estaba aliviado. No sabía cómo íbamos a hacer para pagarle si aceptaba. Le dije que pensaba que yo estaba loco por ofrecer semejante cantidad de dinero por un arquero de treinta y cinco años de edad, que ya se estaba acercando al final de su carrera. Pero que había descubierto que había alguien aún más loco que yo. Alguien que era capaz de rechazar semejante oferta. Me contestó con una frase inolvidable: "*¡Olvidate! Sin Chilavert no vas a salir nunca campeón*".

Desde luego, Gámez se equivocó. Pero el problema seguía ahí. Boca continuaba necesitando un arquero. Pocos días después, el fichaje de Óscar Córdoba fue otro momento en que la intuición y la razón jugaron como aliados en la toma de decisiones. Ocurrió después de la llegada de otro jugador, el Patrón Bermúdez, y poco antes de completar aquel trío de colombianos extraordinarios que tanto le dio a Boca con la llegada de Mauricio "Chicho" Serna.

Para el pase de Córdoba habíamos acordado con su representante un monto de seiscientos mil dólares. Cuarenta y ocho horas después se produjo la reunión. Fue un sábado, en mi oficina en el club. Óscar, una persona muy seria y formal, estaba como siempre impecable y yo llegué en pantalones cortos después de jugar un partido de tenis. No sabía cuál de los dos era el que estaba más fuera de lugar en esa escena, si él o yo.

Una vez sentados y con los papeles ya listos para ser firmados, Carlos Quieto, el representante del arquero colombiano, me dice que hay un problema. Que lo habían pensado mejor y que el valor de Córdoba era ahora de un millón y medio de dólares. La frase del representante me dejó helado.

El argumento de Quieto era que sabía que Boca había estado en conversaciones por Chilavert y, lo que era aún peor, estaban al tanto de la cifra extraordinaria que se había barajado, aquellos cinco millones de dólares. Ofendidos, Córdoba y su mánager consideraban que si el arquero de la selección nacional paraguaya valía cinco millones, el arquero de la selección colombiana no podía tener un precio menor al millón y medio.

No podía creer lo que estaba escuchando. Ante semejante cambio de condiciones me levanté de mala manera y les anuncié que la operación estaba cancelada. *"No tienen palabra"*, les lancé a Córdoba y Quieto, que me miraron sorprendidos. Ahora el enojado era yo, y sin decir nada más salí de la oficina, fui hasta el estacionamiento, subí a mi auto, puse en marcha el motor y mientras estaba saliendo por Del Valle Ibarlucea, sonó mi celular.

Era Iván Pavlovsky, por entonces jefe de prensa de Boca. Iván me estaba buscando para contarme que le había llegado la información de que en ese preciso instante Maradona y Chilavert estaban en camino a la casa de Gámez. Entre los dos estaban decididos a convencer al presidente de Vélez de aceptar la propuesta que había rechazado y dejar así marchar a su arquero a Boca.

Me di cuenta de que ante este nuevo riesgo mi única opción era Córdoba, prácticamente un desconocido en la Argentina. Y para colmo de males, la operación acababa de caerse.

En cuanto corté la llamada, dejé el auto mal estacionado frente al club y salté corriendo de regreso a mi oficina. Córdoba y Quieto estaban saliendo del ascensor. Me vieron volver sorprendidos y les dije: *"Volvamos a empezar"*. No habían transcurrido más de cinco minutos desde mi salida intempestiva de la reunión. Me miraron perplejos y aceptaron volver a la oficina para seguir conversando.

Fue una negociación durísima. Después de mucho discutir quedamos trabados en una diferencia de doscientos mil dólares. Ellos habían reducido sus pretensiones hasta llegar al millón doscientos y yo permanecía inmutable en mi nueva oferta por un millón. Quieto me dijo que él ya no podía seguir bajando el precio y me propuso comunicarme por teléfono con su jefe para que intentara convencerlo. Le pregunté quién era su jefe y me respondió que era un señor Gilberto, que estaba en la cárcel, pero que podía hablar desde allí. En un instante me di cuenta de que muy probablemente se tratara de un narcotraficante. Negociar con representantes de futbolistas es algo que hice muchas veces. Pero negociar con un narco es algo que nunca hice y preferí evitar entonces y siempre. De manera que rechacé amablemente su invitación a conversar y acepté pagar el millón doscientos y dar por resuelta la cuestión. Tiempo después supe que el *"jefe"* que estaba detenido y al que Quieto reportaba era ni más ni menos que Gilberto Rodríguez Orejuela, uno de los más famosos narcotraficantes de Colombia, accionista del América y fundador del Cartel de Cali.

Finalmente, pagué bastante más de lo que habíamos acordado dos días antes por el pase de Córdoba. Podría pensarse que fue un error. Pero creo que no lo fue. La alternativa eran los cinco millones para Chilavert, con un salario muy superior al percibido por las principales figuras del equipo. Una vez que se enteraran, la situación no tardaría en ser explosiva y vendrían los reclamos.

Como una extraña paradoja, pagué de más por Córdoba para evitar que Boca se fundiera. Fue una buena decisión en el mediano plazo con un costo más alto en lo inmediato. Todo, gracias a una llamada telefónica en el momento oportuno. Y a haber aprendido a decir que no.

Una vez cerrado el acuerdo lo comunicamos de inmediato. Boca tenía nuevo arquero. No hace falta que cuente que Córdoba fue uno de los pilares del equipo que construimos. Tiempo después, Óscar me preguntó qué fue lo que me hizo regresar aquella mañana. Por supuesto, le conté la verdad. Decidí en caliente. Tuve la certeza de que contar con Córdoba representaba la mejor salida posible al dilema en que me encontraba. Lo que había sido correcto, es decir, abandonar la negociación tras un cambio inesperado de condiciones, podía abrir el camino a un error que dañaría la salud económica y financiera del club. Antes que nada estaba Boca, aun contra la solución popular —o quizá debería escribir *"populista"*— que significaba la contratación de Chilavert.

Pocos meses después llegaría otro no difícil. Después de perder un torneo por un punto de diferencia, el Bambino arrancó mal el siguiente campeonato. Pese a sus esfuerzos y a aquella frase célebre de *"la base está"*, Veira decidió renunciar. Al poco tiempo la prensa comenzó a difundir la noticia de que Diego Maradona quería ser el nuevo técnico de Boca. La idea comenzó a crecer con una fuerza inusitada. De un día para el otro el universo de Boca estaba revolucionado. Diego reunía todas las condiciones para el puesto. Su figura estaba asociada como ninguna otra al club y la hinchada xeneize había construido con él una relación de idolatría absoluta e incondicional.

Hacía tiempo que Diego arrastraba dificultades personales muy serias con el consumo de drogas. Los medios y el ambiente del fútbol habían levantado un enorme muro de silencio con respecto al tema. Nadie quería hablar públicamente de las adicciones de Maradona. Mientras tanto, en Boca, la Comisión Directiva quería avanzar con la contratación, lo que me puso ante un nuevo dilema. No tenía alternativa y decidí enfrentarlo.

Luis Conde organizó el encuentro con Diego en su casa. Un Maradona impecable llegó unos diez minutos después de la cita pactada. De entrada me produjo la impresión de estar sano. Apenas me vio, sonrió con esa sonrisa pícara e inolvidable y me preguntó: *"¿Estás dispuesto a pasar a la his-*

toria como el dirigente más importante de la historia del fútbol mundial?".

Sentí un golpe en mi ego. Me quedé en silencio unos instantes. Los suficientes como para darme cuenta de que lo que me estaba proponiendo era real. Sabía que contratar a Maradona en el estado en que se encontraba era una decisión de altísimo riesgo. Mientras corrían los segundos, me decía a mí mismo: *"Acordate que no estás acá por tu ego. Estás por Boca, por la institución. No te olvides".*

No respondí. Sonreí incómodo ante semejante desafío y nos sentamos en el living. Estábamos frente a frente. Mi ídolo y la mayor gloria del fútbol argentino con todo su carisma y yo, el presidente de Boca, que me había quedado sin entrenador.

"Diego, nadie merece como vos sentarse en el banco para dirigir a Boca. Nadie representa a Boca y nadie cuenta con el amor incondicional de la hinchada como vos, lo tengo clarísimo. Pero hay un tema", comencé.

A Diego, como a tantos adictos, lo irritaba profundamente que se hablara de su salud. Era un tema prohibido. Era comprensible. El mundo del fútbol le hizo creer que era un dios o un semidiós. Pero Maradona era como cualquier otro ser humano. Junto a su talento incomparable como futbolista, también cargaba, como todos, con sus debilidades y flaquezas. Decidí apelar a un eufemismo. *"Primero deberíamos arreglar el problemita",* le dije, intentando llegar al tema que más me preocupaba.

Diego se tomó un tiempo y comenzó a murmurar: *"Problemita, problemita, problemita...".* Pasaron unos segundos en los que pareció estar pensando su respuesta y me dijo:

"Bueno, asumamos que yo tengo un problemita… Llamamos a una conferencia de prensa, anunciás que soy el nuevo técnico de Boca y yo digo que voy a comenzar un tratamiento para resolver el problemita… ¿qué te parece?".

Conde se entusiasmó y dijo que le parecía excelente la propuesta de Diego. Un tratamiento llevaría meses y mientras tanto, podría estar trabajando como entrenador. Me miró, entonces, como si buscara mi aprobación. Pero no, no era posible aceptar la propuesta. Se sabe que los tratamientos para curar las adicciones son de una enorme complejidad. Pese a todo, insistí con mi posición: *"No, Diego, así no. Primero tenés que resolver el problemita. Y luego, tenés mi palabra de honor de que el puesto de director técnico será tuyo"*.

En mi mente había un espacio de esperanza. La idea de ver a Maradona dirigiendo a Boca me llenaba de entusiasmo y expectativa, como a cualquier hincha. Pero había algo que sonaba como una alarma. El experimento podía salir mal y la responsabilidad sería mía. No podíamos contar con Diego en un estado en el que no sabíamos dónde y cómo iba a estar al día siguiente. Sabía que su recuperación era una condición excluyente para construir esa carrera nueva que tantas ilusiones nos hacía a todos y que sin dudas estaba destinada a llenar de gloria al club.

Diego, rápido como siempre, me respondió que primero quería ser el técnico de Boca y que luego no tendría inconveniente en encarar la solución de su *"problemita"*. Le dije que no y volví al punto de partida. Primero el *"problemita"* y después Boca. Boca era lo más importante.

Después de escucharme se produjo un silencio que me pareció eterno. No sé cuánto duró. Tal vez un minuto o más.

Su cuerpo y su rostro entraron en una tensión total. Sus ojos parecían estar a punto de salirse de sus órbitas. Era la misma mirada enfurecida del cuarto gol frente a Grecia, en la Copa del Mundo de los Estados Unidos. La sonrisa de Diego comenzó a transformarse en cámara lenta en una expresión de odio visceral que nunca, ni antes ni después, volví a ver.

De pronto, Diego saltó del sillón y me gritó: *"¡Te vas a arrepentir toda tu vida de este momento!"*. Yo intenté retomar la conversación sin subir el tono. Pero no tuve suerte. *"¿Sabés qué, Mauricio? ¡Yo te voy a destruir! ¡Te voy a hacer polvo! Acordate lo que te digo. ¡Yo te voy a destruir!"*.

La reunión terminó en ese preciso instante. Me quedé en silencio. Sentía que no había más que hablar. A su vez, comencé a sentir una enorme tristeza. Ese hombre, capaz de tantas proezas, que había ganado todo, me estaba diciendo a su manera que lo único que no podía era, paradójicamente, vencerse a sí mismo.

Así fue como Maradona no fue técnico de Boca. Y así fue también como terminó mi vínculo personal con Diego. Volvimos a hablar años después, cuando lo llamé a Cuba, donde estaba llevando adelante su tratamiento, para ofrecerle el estadio de Boca para su partido despedida. Era consciente que más allá de cualquier diferencia no había ningún lugar mejor para que Diego le dijera adiós al fútbol. Recuerdo que se sorprendió y tuvimos una conversación cálida. El 10 de noviembre de 2001 en la Bombonera nos volvimos a ver. Fue cuando pronunció aquella frase memorable: *"La pelota no se mancha"*. Aquella tarde le entregué una plaqueta en nombre del club. No nos habíamos vuelto a cruzar desde aquella reunión en la casa de Conde. Me miró ante el estadio colmado y me dijo: *"¿Vos?"*. Solo pude responderle: *"Sí, yo"*.

Con el tiempo sus disputas conmigo se trasladaron a la política y nos encontramos en innumerables ocasiones transitando veredas opuestas. De todos modos, mi admiración por él como futbolista permanece intacta como el primer día que lo vi jugar, muchísimos años atrás, siendo una estrella en ascenso con la camiseta de Argentinos Juniors.

Aquel no a Maradona fue, quizás, el más duro y difícil de todos los que tuve que pronunciar. El paso del tiempo terminó por demostrarme que había hecho lo correcto. Sin Diego pudimos construir la institución sólida que puso los colores azul y oro por encima de todos los demás. Las instituciones son siempre lo más importante. Fue esto por encima de cualquier otra cosa lo que hizo de Boca un equipo brillante, capaz de ganarlo todo.

9

Comienza el cambio

Martín Palermo jamás hubiera jugado en Boca si antes no me hubiera equivocado. En 1996, a poco de iniciar la gestión, me llamó un día el famoso representante de jugadores Gustavo Mascardi. Me habló de un delantero chileno que le parecía ideal para Boca. Tenía buena relación con Mascardi y ya habíamos hecho algunas operaciones. El representante me envió algunos videos, lo llamé a Bilardo para verlos juntos y evaluar cómo jugaba el tal Marcelo Salas. Bilardo desistió de entrada: *"Mauricio, ya tenemos muchos delanteros. Están Carrario, Rambert, Cedrés... ¿para qué comprar uno más?"*.

Me quedé en casa solo mirando los videos, sentado frente al televisor. No hacía falta ser un especialista para darse cuenta de que estaba ante un jugador excepcional con una mezcla de habilidad y fuerza fuera de lo común. Cualquier persona que haya visto muchos partidos de fútbol, como es mi caso, distingue muy rápido a los jugadores excepcionales. Salas era uno de ellos.

Mascardi insistía: *"Mirá que es uno de esos que aparecen muy de vez en cuando. No se lo pueden perder"*, me decía al otro lado del teléfono. Decidí volver a hablar con Bilardo. Carlos, que es ante todo un hombre austero, miró a regañadientes algunos videos y terminó aceptando, con algo de desgano, y me dijo: *"Dale, traelo. Algo vamos a hacer"*.

Con la aprobación del técnico fui a proponer la compra de Salas a la Comisión Directiva. Ninguno estaba de acuerdo. El problema era Mascardi: *"Ya le compramos a Cáceres y a Verón a Mascardi. ¡Basta!"*, decían unos. *"¡Este no es el equipo de Mascardi!"*, gritaban los del otro lado de la mesa. Mientras discutían, me dije a mí mismo: *"Mejor olvidate de Salas y a otra cosa"*.

Pero no me olvidé. Seguía pensando que Salas estaba destinado a ser una de las grandes figuras del fútbol en nuestro país, tal como lo demostró en River al poco tiempo. A la luz de lo sucedido después, no me arrepiento de no haberlo contratado. Sin Salas Boca ganó innumerables torneos, locales e internacionales.

De todos modos, encuentro en esta historia un error que intento evitar todo lo que puedo: ir en contra de uno mismo. Esa vez no escuché mis propias convicciones y actué bajo la presión del entorno. No *"morí con la mía"*, como se suele decir. Lo que me ocurrió es un error que hay que evitar. El riesgo es ni más ni menos que dejar de ser uno mismo. Nunca se debe perder la identidad. Tenía razón Julio Grondona, el eterno presidente de la AFA, cuando me dijo: *"Los costos de no hacer lo que uno cree que debe hacer van a llegar igual, más tarde o más temprano"*.

Así como perdí a Salas por no escucharme a mí mismo, logré sumar a otro grande, Martín Palermo, por hacer lo contrario. Nuevamente tuve que sentarme a negociar con Mascardi, que me había anticipado la posibilidad de hacer una oferta. Palermo tenía lo fundamental para ser un gran jugador de Boca: una personalidad excéntrica con mucha seguridad en sí mismo. Era alguien que estaba en condiciones de enfrentar esa enorme ola que hay que surfear para ser una estrella en Boca. Un jugador capaz de no ser aplastado por la pasión volátil de la hinchada. Tenía algo especial. Un don.

Como en el caso de Salas con Bilardo, fui a hablar con el Bambino Veira, que era el entrenador entonces, y salí algo desilusionado. Me dijo que sentía que no iba a tener lugar para Martín en el equipo. Que ya estaban Caniggia, Latorre, Cedrés y Rambert. Insistí y logré finalmente que lo aceptara. Me prometió que lo iba a probar en la siguiente Copa Mercosur.

Con Salas había aprendido la lección. Esta vez iba a ir a fondo. Reuní a la Comisión Directiva y les dije que estaba convencido y que debíamos comprar a Palermo. Dije con toda seguridad: *"Palermo es el nuevo Tanque Rojas"*. Algunos entraron en pánico, pero la mayoría me creyó. La suerte estuvo también de nuestro lado, ya que en ese mismo momento River decidió comprar a Rambert. Con ese dinero pudimos completar la suma necesaria para la compra de Palermo y la de Guillermo Barros Schelotto. A los pocos días Palermo debutó en la Copa Mercosur.

Si hubo un momento que marcó el comienzo de la etapa dorada de Boca fue exactamente ese 3 de septiembre de 1997. No lo puedo olvidar. Ese día nació la delantera más exitosa de la historia de Boca y comenzó el gran récord del club en la historia del fútbol argentino.

En el caso de Palermo, puse mis convicciones frente a mí mismo. Me tomé la revancha por la falta de decisión frente a la posibilidad de Salas. Perdí y gané. A partir de allí empezó otra historia para Boca. Y otra historia para mí mismo. Atravesé la crisis que se reflejó en la famosa frase de Diego Latorre, cuando afirmó que *"Boca es un cabaret"*, por las disputas que se vivían en el vestuario. El equipo siguió sumando grandes jugadores como el Vasco Arruabarrena y otros. Y pese a que perdimos el campeonato de aquel año por un punto, comencé a experimentar una certeza que hasta entonces no había sentido: el cambio finalmente había comenzado.

El alejamiento de Veira me puso en la obligación de tomar una de las decisiones más trascendentes para el presidente de un club: debía elegir al nuevo entrenador. No fue nunca una decisión fácil.

Tenía frente a mí una terna de grandes directores técnicos integrada por Daniel Passarella, Miguel Brindisi y Carlos Bianchi. Los tres expresaban valores y conceptos distintos. Los tres eran dueños de personalidades completamente diferentes. ¿Cuál de ellos sería el mejor para Boca?

Había en el equipo de Vélez dirigido por Bianchi algo que había despertado mi admiración como amante del fútbol. Es difícil de definir con palabras. Una confianza, una camaradería, una manera especial de brindarse. Había en aquel Vélez, se notaba, una idea de equipo. Un proyecto deportivo común entre todos los jugadores, alineados con el cuerpo técnico. Debo reconocer que el estilo de juego que proponía Bianchi no despertaba en mí grandes pasiones. Lo veía algo conservador para mi gusto. Pero veía en ese equipo una cosa parecida a una atmósfera positiva, un método. Una seguridad. Una solidaridad que se transmitía desde el banco de suplentes. La mejor palabra que lo define es, precisamente, *liderazgo*. Llegué a la conclusión de que Bianchi era la persona que Boca necesitaba. La elección de los técnicos anteriores había sido consensuada con otros dirigentes. Esta vez tenía una certeza y decidí arriesgar en ella toda mi credibilidad.

Estaba decidido a persuadir al Virrey de regresar a la Argentina para dirigir a Boca. El inolvidable Eduardo Gamarnik, gran hincha de Boca y uno de mis asesores más importantes durante la gestión, organizó el encuentro. Fue en un hotel en España. No nos conocíamos personalmente. A lo largo de la charla sentí que el tiempo había dejado de pasar. Cuando me quise dar cuenta, habíamos estado conversando de fútbol durante más de seis horas. Descubrí que no era alguien fácil pese a su enorme seguridad y confianza en sí mismo. Estaba golpeado porque las cosas no le habían ido bien en la Roma y me manifestó sus ganas de volver a dirigir en nuestro país.

Gracias a los sabios consejos de Bilardo y Veira, Boca ya había reunido un gran plantel. El proceso se había dado en menos tiempo del que Bilardo había pronosticado. Pero ahora necesitábamos al entrenador que tuviera la capacidad de dar coherencia a ese grupo humano.

Bianchi confirmó mis mejores presentimientos. Su método era clave para demostrar aquello que me obsesionaba desde antes de llegar a Boca. Para lograr los objetivos propuestos hay que ser coherente, trabajar dentro de un orden, ser persistente y mantenerse fiel a sí mismo.

Bianchi me permitió hacer mi mayor apuesta, la que más necesitaba. Demostrar (y demostrarme) que no estaba como presidente del club solo para arreglar el estadio y administrarlo de manera eficiente. Que no se iba a cumplir mi propia profecía acerca de ser un *"presidente no ganador"*. Alrededor del mundo del fútbol circulaba la idea de que no sabía nada de fútbol, que pensaba que Boca era una empresa, que no tenía idea de lo que había que hacer para ganar un campeonato. Por momentos, yo mismo llegaba a dudar y pensaba si no habría allí algo de cierto.

Abracé la idea de traer a Bianchi como se abraza una causa. Su llegada representaba la posibilidad de demostrar que estábamos en condiciones ser competitivos si nuestra organización tenía el liderazgo que necesitaba. Pero no todos estaban convencidos. Una vez más, estaba en minoría.

La mayoría de la Comisión Directiva apoyaba la llegada de Passarella como entrenador. La hinchada estaba dividida. Unos apoyaban la idea y, sobre todo, sentían que traer a Passarella a Boca era algo así como robarle un símbolo a River. A los otros les resultaba indignante convocar a una figura tan asociada a nuestro rival eterno. La tensión crecía a la par que mi convicción de tentar a Bianchi.

Como en aquella vieja película llamada *Doce hombres en pugna*, en la que un integrante de un jurado convence a los otros once de cambiar su voto, sentía que tenía una tarea imposible por delante. Pedro Pompilio me había anticipado que apoyaba mi idea pero que tendríamos que convencer a los demás de las ventajas de contar con Bianchi. Uno a uno lo fuimos haciendo. Fue un trabajo de persuasión increíble. Nos llevó un tiempo, pero poco a poco lo fuimos dando vuelta y logramos contar con el apoyo de la mayoría.

En julio de 1998 Carlos Bianchi llegó a la Argentina. Era el nuevo DT de Boca Juniors.

10

We are the champions

Llega un día, un momento determinado, en el que te das cuenta de que las cosas, finalmente, están cambiando. Que el suelo se está moviendo. Tener la posibilidad de protagonizar una transformación es un privilegio incomparable. Sentir que tu trabajo comienza a dar frutos es algo único. Es la confirmación de que todo el esfuerzo realizado, todas las frustraciones, las broncas acumuladas y los malos momentos tuvieron un sentido. El *para qué* deja de ser una promesa para convertirse en una realidad palpable.

Con Bianchi todo cambió. En el arco, Óscar Córdoba empezó a ser el Córdoba que los hinchas de Boca recuerdan tras la confianza que en él depositó el entrenador desde su primer día de trabajo. Walter Samuel entró en un proceso de mejorarse continuamente a sí mismo. Hugo Ibarra demostró que haberlo sumado fue un completo acierto. El Patrón Bermúdez hacía gala de su apodo y era el dueño de la defensa. El Vasco Arruabarrena era capaz de defender y atacar al mismo tiempo. Chicho Serna recuperaba todas las pelotas y se ganó el amor incondicional de la tribuna. Diego Cagna, Pepe Basualdo, Juan Román Riquelme, Martín Palermo y

Guillermo Barros Schelotto jugaban al fútbol de memoria, como si se conocieran desde chicos.

Ese equipo lo fue todo. Y demostró todo. Llenó estadios en todo el mundo, ganó invicto dos campeonatos. Permaneció cuarenta partidos sin conocer la derrota y batió todos los récords. Boca era un gigante que se había despertado. Todos comenzaron a darse cuenta.

Aquel equipo me transformó y transformó a todos los hinchas de Boca. Juntos dejamos atrás años de fracasos. Gritamos, nos emocionamos, saltamos y festejamos como nunca antes lo habíamos hecho. El tiempo de los errores, la inexperiencia, las ilusiones y las desilusiones había quedado atrás.

Un partido sintetiza todas esas emociones. Fue el clásico contra River en la Bombonera en los cuartos de final de la Copa Libertadores de América. Aquel fue mucho más que un simple partido de fútbol.

Fue un miércoles por la noche, más precisamente el 24 de mayo del año 2000. Lo recuerdo como si se hubiese jugado ayer. Por el campeonato local, veníamos de empatar lastimosamente un partido pese a dominar durante los noventa minutos. Luego fuimos como visitantes a Núñez para jugar el primer partido de cuartos de final y perdimos por dos goles contra uno. Por delante nos esperaba una semana de angustia y dientes apretados. En el país no se hablaba de otro tema. Boca tenía que dar vuelta un resultado dificilísimo.

Se ha escrito mucho sobre la belleza del fútbol. Existen ocasiones en las que un equipo consigue realizar proezas colectivas que parecen estar más allá de la realidad. Marcelo Delgado abrió el marcador en el minuto catorce del segundo tiempo. 1 a 0. Un silencio cargado de tensión parecía desplomarse sobre los jugadores en el césped. Con ese resultado, estábamos fuera de la copa.

Cincuenta mil personas en el estadio y millones desde sus casas conteníamos la respiración. El tiempo estaba inmóvil. Sin embargo, el reloj no hacía caso y seguía avanzando inexorablemente. A los setenta y siete minutos, Bianchi hizo ingresar a Palermo por Alfredo Moreno. Martín había estado parado seis meses por una lesión en los ligamentos de una rodilla. La Bombonera parecía estar viva. Tembló y un rugido saludó la entrada del delantero.

Como si una fuerza sobrenatural hubiera llegado desde algún lugar, a los ochenta y cuatro minutos, tras la sanción de un penal por falta contra Battaglia, Riquelme anotó el segundo y todos volvimos a respirar. Hasta que llegó el minuto noventa. Palermo recibió la pelota cerca del punto del penal y comenzó a acomodarse en cámara lenta. Parecía mover el cuerpo sin ningún apuro, dueño de sí mismo y del reloj. Los segundos avanzaban con parsimonia: parecían durar horas. Palermo miró hacia adelante y pateó con el pie izquierdo. La pelota entró contra el poste. 3 a 0. Fin.

Esa noche Boca hizo historia. Y yo estaba allí, como el niño que soñaba con hacer el gol del campeonato, siendo parte de esa misma historia. Nunca volví a vivir un partido igual. Dudo que vuelva a suceder algún día. Estaba eufórico. Dejé de lado cualquier protocolo mientras festejaba con quien se me cruzaba en mi camino hacia el vestuario.

Algunos me consideran una persona fría. Nada más alejado de la realidad. Esa noche nos abrazamos con Martín bajo la ducha, él desnudo y yo vestido. Toda mi historia personal con Boca se concentró en ese instante. Fue muy fuerte. Esa fiesta, esa corriente de alegría infinita, era la manera de expresar el éxito que llega después de mucha espera, de mucho trabajo, de mucho sufrimiento. Una satisfacción muy grande que está más allá de haber eliminado ni más ni menos que a River para llegar a las semifinales de un torneo. Era otra cosa. Era Boca, esa pasión única, por momentos infantil, por momentos dolorosa, pero siempre incomparable.

Todo lo que vino después fue durísimo. Logramos pasar a la final en México, en el Estadio Azteca, frente al América en un partido para el infarto. La final fue contra el Palmeiras de Brasil.

En el primer partido en la Bombonera jugamos mal y apenas logramos un empate en dos goles gracias al talento de Arruabarrena. Nos tocaba jugar la revancha en el estadio Morumbí, en San Pablo. Una cancha donde la presión de la torcida se hace sentir de un modo diferente. El peso de la parcialidad local en el Morumbí es un fenómeno del estilo del que sucede en la Bombonera.

A la mañana siguiente de la primera final decidí llamar a Bianchi. Le pedí vernos en casa antes de que fuera al entrenamiento. Había estado pensando toda la noche en el partido que teníamos por delante y sentí una necesidad urgente de conversar con él.

Hacía mucho frío en esa mañana de junio. Bianchi llegó algo malhumorado. No había alcanzado a quitarse el sobretodo cuando me dijo: *"Ya sé, Mauricio, me vas a decir lo mismo que me dicen todos los hinchas desde anoche. Que jugamos horrible, que fuimos un desastre y que perdimos la copa".*

Sin embargo, mi objetivo al convocar a Carlos aquella mañana era otro, muy diferente: *"Efectivamente, fuimos un* desastre. Pero ¿sabés qué? *Estoy seguro de que vamos a ganar esta copa. Por eso te llamé. Si salimos a colgarnos del travesaño nos matan. Tenemos que jugarles de igual a igual. Estoy seguro de que así les ganamos"*, le respondí.

Bianchi me miró primero con desconfianza y luego su expresión se fue transformando. Dio un salto y comenzó a sonreír: *"Estoy de acuerdo. Tenemos la chance intacta. ¡Vamos a ganar esta copa!"*, me dijo, seguro de sí mismo.

El respaldo es una responsabilidad indelegable del líder. Un líder que escatima el apoyo a quienes lo acompañan no está a la altura de lo que exige su posición. Cuando las cosas parecen no salir, cuando parece que los objetivos no se van a alcanzar, cuando el desánimo quiere hacer bajar los brazos, es donde aparece el valor y el misterio del liderazgo en toda su extensión.

Después de una semana de fuerte trabajo del cuerpo técnico con el plantel, sucedió lo que tenía que suceder. Córdoba se convirtió en un verdadero gigante ante aquellos penales inolvidables de la definición. Lloré de emoción como un niño. Boca había vuelto a obtener un título internacional. Allí estaba yo, a mis cuarenta y un años, cumpliendo con mi *para qué*. Confirmando la elección que había hecho cinco años antes de cambiar el rumbo de mi vida para dedicarme a cumplir conmigo mismo y con tantos hinchas de Boca que me acompañaban. Estaba feliz. Loco de alegría. Y cuando parecía que todo estaba volviendo a la normalidad, llegó el viaje a Japón. Allí fuimos, rumbo al partido contra el Real Madrid en el Estadio Nacional de Tokio, por la Copa Intercontinental.

Los jugadores de fútbol tienen códigos muy particulares. El clima interno, la atmósfera en la que se vive dentro de un plantel, es algo inaccesible desde afuera. No es fácil para un directivo, un hincha o un periodista conocer la realidad de lo que sucede en los vestuarios. Es un mundo diferente en el que es prácticamente imposible conocer a ciencia cierta cómo se viven los diferentes momentos, las tensiones, los conflictos y las rivalidades entre los distintos grupos que integran un conjunto de deportistas de alta performance.

En Boca conté con la ayuda de una persona que tuvo una enorme importancia a la hora de traducir ese lenguaje secreto de los jugadores. Alfredo "el Tanque" Rojas cumplió con esa función a la perfección. Rojas llevaba en su sangre el ADN del jugador de fútbol. Había brillado como pocos en el Boca de mi infancia, se había construido a sí mismo desde un origen muy humilde, había jugado en Europa y había regresado a la Argentina en una época en la que el fútbol aún no estaba hiperprofesionalizado. Rojas comprendía la mente del jugador de Boca como nadie.

Antes de embarcarnos en el avión para jugar la final en Japón el Tanque me dijo que quería hablar conmigo. *"Mauricio, estoy muy preocupado. Hay una fractura en el equipo. Hay algunos muchachos que están peleados y así no se puede jugar bien el fútbol"*, me dijo. Imaginé lo que sucedía y Rojas me lo confirmó. El problema estaba en que, por un lado, Palermo quería que Guillermo Barros Schelotto estuviera a su lado en el campo de juego. Pero Riquelme presionaba al técnico para que su amigo Delgado ocupara esa posición. Riquelme tenía un punto a su favor. Delgado estaba jugando en muy buena forma. Venía muy seguro y había adquirido una gran velocidad.

Para entonces Bianchi había tomado cierta distancia de las discusiones y las diferencias internas entre los jugadores. Tomar el pulso de lo que sucede en el equipo es otra responsabilidad ineludible de cualquier líder. Cómo está cada uno, qué necesita, qué conflictos pueden existir con sus compañeros. No se trata de ser uno más en el grupo, porque los roles son diferentes. Pero ya he escrito acerca de los peligros que encierra el aislamiento de un líder.

Acabábamos de llegar a Tokio y decidí hablar un minuto con Carlos en el vestuario mientras los jugadores realizaban su primer entrenamiento: *"Carlos, tenés que romper esta tensión entre Martín y Román. El costo puede ser muy serio. Un conflicto como este va a hacer que la magia no aparezca, fijate"*. Bianchi no me dejó terminar de hablar y me respondió que no, que de ninguna manera, que estaba equivocado, que el equipo estaba sólido. Salí del vestuario preocupado, pensando que nunca es bueno negar los problemas.

Algo ocurrió luego, según supe después. Al finalizar el entrenamiento, Carlos se encerró a solas en el vestuario con todos los jugadores. Hubo una gran catarsis. Se dijeron todo lo que tenían que decirse. Y la tensión desapareció. El vínculo se había recompuesto. El grupo recuperó su *para qué*.

No sé si mi advertencia influyó en la actitud de Bianchi. Pero estaba claro que Carlos había cambiado su parecer y ejerció su propio liderazgo sobre el grupo. Finalmente, tomó un decisión tajante: Delgado fue titular y estuvo en el campo de juego junto a Martín Palermo.

Lo viví como si se tratara de un sueño. Por momentos tenía que convencerme de que eso que estaba pasando ante mis ojos era verdad. Llegaron los dos goles de Palermo y llegó el descuento del Real Madrid. Millones de dientes apretados estuvieron esperando el silbato final del árbitro, que parecía que no iba a llegar nunca.

Había cumplido con mi palabra. Boca estaba donde había soñado que debía estar: en la cima del mundo. En Japón se habían dado cita siete mil hinchas de Boca. Se trataba de algo nunca visto. Llegaron de distintos lugares del mundo, de Europa, Asia, América, África y Oceanía para ver ganar a su equipo.

Lejos de disiparse, con los años aquel triunfo fue creciendo en magnitud. Fue el momento de mayor gloria de Boca. Después de aquel partido, el Real Madrid nunca más perdió una final. Florentino Pérez, el legendario presidente madridista, con quien mantengo una gran amistad, aún hoy me lo recuerda. *"Nunca voy a poder olvidar aquella final que nos ganaron en Japón"*, me dice cada vez que nos encontramos. Aquel gran equipo de los *"Galácticos"* cometió el mayor error que nadie, nunca y bajo ninguna circunstancia puede cometer: subestimar al otro.

El regreso a la Argentina fue increíble. La gente se volcó masivamente a las calles para ver pasar el ómnibus con los jugadores campeones del mundo. Mientras miraba por la ventanilla las caras de alegría a lo largo del trayecto desde el aeropuerto, me puse a pensar en el significado de todo lo que había hecho y construido en esos cinco años. Habían pasado años de soledad. Aquel *no* a Maradona, a mi mayor héroe deportivo, había sido una decisión correcta. Me descubrí pensando en la fuerza de la perseverancia, en la importancia de mantener la coherencia pese a todos los obstáculos, en la tranquilidad que te da contar con un gran equipo.

Pude comprender que mi *para qué* ya no era exclusivo. Era un *para qué* colectivo, construido con el aporte que todos habían hecho desde la institución para llegar al momento del triunfo. Quería agradecer a cada uno, del primero al último, porque habíamos llegado gracias a contar todos con los mismos objetivos, con el mismo *para qué*. Desde los jugadores y el cuerpo técnico hasta los innumerables hombres y mujeres que habían puesto tiempo, trabajo, convicción y ganas.

En ese ómnibus, rodeado por los jugadores de Boca, fue cuando llegué a una conclusión definitiva: digan lo que digan, si se trabaja lo suficiente, los sueños pueden hacerse realidad.

11

Basta es basta

La vida se compone de ciclos. Saber leerlos e interpretarlos es un arte. ¿Cuándo comienza un nuevo ciclo? ¿Cuándo concluye? A mediados de 2001 había llegado el momento de hablar con Carlos Bianchi acerca de su continuidad como entrenador de Boca. Los cambios de ciclos, mirados desde la perspectiva del liderazgo, son momentos extremadamente delicados.

Nos sentamos a conversar en un hotel. Llegué al encuentro imaginando que me tendría por delante una dura negociación económica. De la mano de Boca, Bianchi se había convertido en uno de los técnicos más prestigiosos del mundo y su éxito estaba fuera de cualquier discusión. Tenía noticias de que un grupo de dirigentes del Barcelona, con todo el poder deportivo y económico a cuestas, estaba al acecho, sondeando al DT para saber si estaba dispuesto a continuar su carrera con ellos en España.

La primera frase de Carlos me dejó helado: *"Mirá, Mauricio, ganamos demasiadas cosas juntos. Pero a veces hay que saber decir basta"*. Acto seguido me confesó su ilusión de ir al Barcelona. No era una buena noticia, ya que aún quedaban seis meses por delante para cumplir el contrato con Boca.

Pese al baldazo de agua fría intenté mostrarme comprensivo. Le dije que no pondría ningún obstáculo para que marchara hacia España si ese era su objetivo. Y le manifesté mi enorme agradecimiento por todo lo que había hecho por Boca durante su ciclo.

Mientras manteníamos la reunión, se me ocurrió una idea que acaso nos podía acercar. Quería saber si estaría dispuesto a asumir un compromiso. Le propuse que, dado que aún no había nada firmado, si lo del Barcelona se caía considerara continuar con su trabajo durante dos años más en Boca.

Desde el comienzo Bianchi contaba con un incentivo en su contrato para apostar a los jugadores juveniles y a la cantera del club. Cuando un jugador se vendía, Carlos percibía un porcentaje de la operación en función de la valorización que había tenido la transferencia tras el paso por Boca. Fue una gran idea que lo llevó a apostar en numerosas ocasiones por los futbolistas más jóvenes.

En ese momento, el plantel estaba atravesando una situación compleja. Un grupo de jugadores se estaba yendo del club mientras que algunos reemplazos se sumarían en lo inmediato. Yo quería que el nuevo equipo pudiera contar con la impronta de Bianchi. Estaba convencido de que la presencia de Carlos era clave para que el equipo no se desmoronase y mantuviese el espíritu ganador que lo había caracterizado.

Lo del Barcelona finalmente no llegó a buen término y 2001 se convirtió en un año mediocre en materia de resultados. Quedamos fuera de la Copa Mercosur y en el campeonato local arrancamos con el pie izquierdo. En el fútbol, lo habitual es que ganar solo sea un intervalo entre derrotas. Como suele ocurrir en estos casos y pese al historial glorioso de Bianchi en Boca, algunos sectores minoritarios comenzaron a hacerse escuchar con críticas al entrenador.

Para entonces ya había aprendido a relativizar este tipo de reacciones. Cuando pasan unas fechas en las que el equipo no gana, los hinchas entran en un estado de nerviosismo creciente. Las alegrías del año anterior quedan en el olvido, se convierten en pasado. Las críticas que llegan desde afuera pueden ser un elemento disruptivo para el liderazgo. El fútbol me enseñó a no dejarme afectar por la enorme maraña de comentarios que lo rodean. Esto no significa dejar de escuchar. Al contrario, de lo que se trata es de evitar el ruido, el murmullo, los rumores. Sin embargo, y pese a que no prestaba demasiada atención al asunto, me di cuenta de que a Carlos aquello lo afectaba. Mucho. Al principio no era más que cierto fastidio. Pero al cabo de un tiempo su irritación era imposible de ocultar.

Unas semanas más tarde Carlos volvió a sacar el tema. Una vez más quería decirme que entendía que había que dar por concluido su ciclo en Boca al finalizar su contrato. Sonaba más convencido. Le pedí que me diera algo de tiempo y decidí jugar una última carta. Le pedí a Goyo Zidar, responsable del fútbol *amateur* en el club, que intentara abrir una nueva negociación con Carlos. Comenzaron a conversar, tuvieron algunas reuniones y las cosas parecieron encaminarse hacia un final feliz.

No recuerdo ni cuándo ni por qué, pero por aquellos días de septiembre estaba haciendo un curso sobre Borges que se dictaba en la sede del ministerio de Relaciones Exteriores y Culto. Mientras escuchaba hablar de los distintos temas que recorren la obra del autor de *Ficciones*, sentí la vibración del teléfono en mi bolsillo. Miré la pantalla y descubrí una llamada perdida y un mensaje de audio de Carlos. Esperé un rato hasta que llegó un intervalo y salí del aula dispuesto a escucharlo.

La voz de Bianchi me hablaba desde el teléfono y me decía: *"Hola, Mauricio, quiero que sepas que lo pensé mucho. Anoche hablé con mi familia. Ahora estoy yendo a una conferencia de prensa que convoqué para anunciar mi decisión de no seguir en el club. Ah… ya le avisé a los jugadores".*

Sentí un profundo dolor. Su mensaje era del estilo de aquellos que no te dejan ninguna posibilidad de respuesta. Me estaba diciendo, en otras palabras, que ya no teníamos más nada que hablar. Era una decisión tomada.

Sentía que no tenía más remedio que dar por finalizados tres años y medio de respeto, de trabajo compartido, de logros y de cuidado. Para Carlos, parecía no haber marcha atrás. En estado de *shock* por la noticia, busqué un lugar reservado y lo llamé. La noche anterior habíamos hablado durante más de una hora y no había dejado entrever ni la más mínima señal de la decisión que, evidentemente, ya había construido en su mente.

Su respuesta fue cortante: *"Ya está, Mauricio. No vale la pena que sigamos hablando. Lo mejor para los dos es darlo por terminado. No va a ser el fin del mundo para nadie y mucho menos para Boca".*

No me dejaba opciones. Le dije que estaba de acuerdo en que Boca era más importante que él y que yo mismo. Nadie es imprescindible, Boca tenía un siglo de historia y había existido desde antes que nosotros llegáramos al mundo. Y va a seguir existiendo cuando nosotros ya hayamos partido. De todos modos, insistí. Le planteé que me parecía un sinsentido anunciar que abandonaba el barco cuando faltaban todavía seis meses para terminar su contrato. Entonces Carlos me dio un nuevo motivo que explicaba sus ganas de irse. *"Mauricio, yo creo que dentro de poco tiempo vas a dedicarte a la política y te vas a ir de Boca. Yo vine con vos y me quiero ir con vos"*.

Aquel año 2001 fue terrible, de los peores de toda nuestra historia. El tiempo de la convertibilidad se acercaba a su final, y con él la Argentina se enfrentaba al regreso de la inestabilidad política y económica. La catástrofe parecía inevitable y el gobierno del presidente Fernando de la Rúa intentaba postergar todo lo posible el desenlace. En ese contexto turbulento me había comprometido con la Fundación Creer y Crecer junto a Francisco de Narváez. La idea de hacer algo por la Argentina había comenzado a girar en mi cabeza. Pero no dudé en asegurarle a Carlos que fuera cual fuera el rol que tuviera en la política, contaba con mi palabra de honor de que iba a estar en el club hasta el último día de mi mandato. Y concluimos la comunicación.

Aquel Carlos Bianchi sólido y seguro de sí mismo que había conocido en España se había ido transformando en un hombre cada vez más duro e intransigente. Un componente áspero y complejo fue haciéndose de un lugar cada vez mayor en su personalidad. Por mi parte, trataba de imaginar qué estaba pasando dentro de él. Cuando uno gana uno, dos, tres, cuatro, cinco, seis campeonatos los demás te devuelven una imagen agrandada de vos mismo. Una exageración que te hace creer que sos una suerte de Superman, alguien con la capacidad de hacer que todo lo que toca se convierta en un éxito. Pero cuando se pierde el séptimo o el octavo torneo, todo cambia de la noche a la mañana. Ese cambio abrupto es un caldo de cultivo para la depresión. En esa situación es fácil sentirse inútil e incapaz de recuperar la gloria.

Carlos sentía que aquel equipo de 1998 con el que habíamos ganado todo se había perdido irremediablemente. Habíamos tocado el cielo con las manos y el día después aparecía ante los ojos del técnico como algo incierto. No me resultaba difícil entender su situación. Yo mismo había atravesado aquel periodo en el que me imaginaba quedando en la historia de Boca como un *"presidente no ganador"*. A su vez, había aprendido que el éxito es siempre circunstancial y que nunca es eterno.

Unos días después de aquella conversación telefónica leí en un diario un titular que me llenó de confusión: *"Bianchi se va de Boca porque los directivos no lo quieren a pesar de su voluntad de quedarse"*. Si de algo estaba seguro es que así no habían sido las cosas. Toda la Comisión Directiva quería la continuidad de Carlos. Al día siguiente lo llamé otra vez y le dejé un mensaje que no tuvo respuesta: *"Carlos, no entiendo nada. En Boca nadie quiere que te vayas. Aclarame, por favor, qué es lo que está pasando porque necesito saberlo. Una cosa es que quieras irte porque sentís que tu ciclo está terminado, pero otra bien diferente es que te sientas echado. Si hay algún problema con la Comisión Directiva o dentro del equipo, te pido que me lo digas así lo puedo resolver"*.

Saber que un director técnico se va a ir meses antes de que suceda generó una enorme incertidumbre en todo el plantel. Es algo que aprendí en las empresas en las que trabajé y que luego apliqué en la política. Cuando alguien decide dejar el equipo, el tiempo que transcurre entre que se toma la decisión y se efectiviza suele ser muy problemático. El anuncio de Carlos en ese momento podía poner en riesgo todo el trabajo realizado.

El domingo siguiente de nuestra conversación jugamos contra Lanús en la Bombonera. Fue una gran goleada por 5 contra 1. Sin embargo, desde la tribuna se escuchaba un constante *"¡No se va/Y Bianchi no se vaaaa…!"*, mientras llovían insultos contra los miembros de la Comisión Directiva sospechados de estar en contra de la continuidad del técnico.

Y aquí cometí un gran error, que fue a la vez un gran aprendizaje. Como tantas otras veces, después del partido asistí a la conferencia de prensa. Ahí mantuvimos una conversación fallida que el mundo del fútbol argentino nunca olvidaría.

Entré a la conferencia de prensa y le dije a Bianchi con total sinceridad: *"Carlos, en 1998 costó traerte e imponerte porque la hinchada tenía sus esperanzas puestas en otros candidatos. Pero hoy todos queremos que te quedes. Entonces, aquí y públicamente, te pido que me digas cuáles son los obstáculos que existen y yo me comprometo a resolverlos como lo hice durante estos tres años y medio".*

Carlos me miró sorprendido, se tomó la cabeza y no dijo nada. Insistí: *"Te pido que me contestes… Si ahora querés tirar la toalla porque hay que remar más duro por lo que viene en el futuro…".* Las cosas empeoraban a cada minuto. Y yo seguía buscando alguna palabra de su parte: *"Carlos, vos tenés que darnos una respuesta, porque el hincha de Boca merece conocer la situación y que no haya malos entendidos que lleven a algo tan penoso como lo que vivimos hoy, cuando Boca es una institución modelo. Así como le explicamos a la gente cuando vinimos acá juntos por primera vez cuál era nuestro proyecto y nuestro compromiso, por la misma razón tenemos que explicar por qué el proyecto no sigue. ¡Yo también me tengo que enterar cuáles son las razones por las que el proyecto no sigue!".*

Serio y molesto, Carlos me respondió que no iba a hablar de su contrato y reafirmó que no iba a seguir en Boca más allá del límite de fin de año. *"No tengo por qué decir las causas... no hagamos de esto un programa de televisión de la tarde"*, concluyó terminante. Insistí por tercera vez y le reclamé que aclarara que no tenía ningún problema con la Comisión Directiva. *"No es justo hacia la gente de Boca que yo no sepa cuál es el problema. Si hay algo que pueda hacer Boca para que vos te quedes, Boca lo va a hacer. Quiero que me digas entonces que Boca no puede hacer nada y que querés dar por terminado un ciclo. Decime porque lo que dice la prensa no es así"*, le pedí, enfático. Y Carlos, en un gesto que quedaría para la historia, se levantó en señal de hartazgo y se fue hecho una tromba.

Todo el país habló de esa conferencia de prensa. Algunos hasta llegaron a acusarme de actuar como un *"patrón de estancia"*, dando rienda suelta a toda la lista de prejuicios que se habían ido acumulando tras mi llegada a Boca. Otros me dijeron que la actitud de Carlos había sido una falta de respeto, no hacia mí sino hacia el cargo de presidente del club y que debía rescindir su contrato de inmediato y echarlo. Pero una vez más prioricé lo que consideré que era mejor para Boca.

Dos días después nos volvimos a encontrar con Carlos a comer en Puerto Madero y zanjamos nuestras diferencias. Le pedí que cumpliera con su contrato hasta su final en diciembre y que quería que dirigiera el equipo en la final de la Copa Intercontinental frente al Bayern Múnich. Necesitaba de su autoridad en el banco de suplentes y no poner en riesgo el resultado de ese partido tan importante. E insistí una vez más. Pero Bianchi me respondió que no se había sentido cuidado lo suficiente y que sus razones eran estrictamente personales. Y terminó su respuesta con la misma frase del primer día: *"Hay que saber decir basta"*. Por mi parte, en una nueva conferencia de prensa me disculpé con aquellos que se sintieron molestos por mi actitud. Allí celebré haber podido dialogar y aclarar las cosas. *"Vivimos un fin de semana difícil para Boca. El domingo fue para mí triste y raro, porque goleamos a Lanús y yo sentía que nos goleaban a los directivos. En vez de disfrutar, se escuchaban insultos. Para mí, fue una mezcla de angustia, dolor y bronca. Sin dudas, fue intempestiva mi entrada, acaso sorpresiva. Pero fue movilizada por la pasión. Por eso quiero pedir disculpas por las formas del domingo y pedirle a los hinchas, al cuerpo técnico, a los directivos y a los jugadores, que sigamos unidos hasta fin de año para confirmarle al mundo que Boca es uno de los grandes del fútbol mundial"*.

Tras el alejamiento de Bianchi —el primero de los dos que viviría—, contraté al uruguayo Óscar Tabárez, quien ya había conducido a Boca una década atrás. El *Maestro*, tal como se lo conocía tras años de haber ejercido la docencia en escuelas de su país, ocupó el puesto de entrenador durante todo 2002. Hizo un gran trabajo, pero un empate con Independiente al final del torneo dejó al rival a las puertas del título. Para entonces, Bianchi ya había hecho trascender su voluntad de regresar a Boca. Una vez más, y pese al final que habíamos tenido en su etapa anterior, le dije a los integrantes de la Comisión Directiva que yo no sería jamás un obstáculo y que Boca siempre estaría por encima de cualquiera. Los que creían que me iba a oponer a algo positivo para el club por una cuestión personal se volvieron a equivocar. De esta manera, Bianchi regresó al club en 2003. Para entonces, Riquelme ya había sido transferido al Barcelona.

La convivencia con Riquelme, un jugador muchas veces desafiante y reacio a aceptar cualquier tipo de límites, fue un problema complejo para Bianchi. Fui testigo de varios desplantes del jugador hacia el técnico en los entrenamientos y en los viajes. En la víspera de la final contra el Bayern Múnich en Tokio, recuerdo que me colé en el entrenamiento para despuntar el vicio de patear la pelota, como hacía de chico. Los jugadores estaban corriendo alrededor de la cancha. Todos menos Riquelme, que en lugar de recorrer el perímetro del campo de juego se esforzaba en correr menos y giraba, desganado, en la línea central. Román se acercó entonces hacia la zona en la que estaba junto al técnico y al preparador físico Julio Santella, y lo escucho decir: "*Carlos, suficiente, ya está… no quiero seguir dando vueltas a la cancha*". Bianchi hizo un gesto de fastidio y yo me hice el distraído y seguí pateando al arco. Para Carlos, que se había destacado desde siempre por ser un hombre muy estricto en cuanto a la disciplina y el esfuerzo igualitario, que un jugador quisiera imponer su propio entrenamiento era algo inadmisible.

Los desafíos de Riquelme a la autoridad del técnico comenzaron a hacerse cada vez más frecuentes. A veces se manifestaban en cuestiones importantes y en ocasiones en detalles menores que generaban una enorme irritación en Carlos. A la distancia, creo que este tipo de actitudes de

Riquelme fue uno de los factores que desgastó la autoridad de Bianchi sobre el plantel a finales de su primera etapa.

El regreso de Bianchi a Boca fue celebrado por los hinchas como un triunfo. Y los hechos les dieron la razón. Boca ganó la Copa Libertadores de aquel año con una goleada histórica contra el legendario Santos de Brasil y obtuvimos la tercera Copa Intercontinental para el club contra el Milan, en Japón.

Pese a los éxitos, el proceso interno del propio Bianchi fue llevándolo a tomar algunas decisiones erráticas en lo deportivo. Ya lo he escrito: la paciencia de los hinchas es escasa. Y la del técnico demostró serlo también. Tras la derrota contra el Once Caldas de Colombia por la final de la Copa Libertadores, Bianchi retiró al equipo del campo de juego negándose a recibir las medallas correspondientes a los subcampeones. Fue una actitud poco deportiva, que además fue percibida como un papelón institucional por parte de Boca pese a que luego Bianchi afirmó que se trató de un error por desconocimiento del protocolo.

Mientras volábamos desde Colombia quedamos en mantener una reunión en casa para definir el nuevo plantel y los cambios que él estaba pensando. No había terminado de traspasar la puerta que Carlos me anunció: *"Me voy"*. *"¿Te vas unos días?"*, le respondí convencido de que se trataba de unas vacaciones después del estrés de la final de la Libertadores. *"No, Mauricio. Me voy del club. Se terminó. Ya está. Volví, ganamos de vuelta. Ya está".* Se estaba repitiendo la escena de dos años atrás. Por mi parte, quería dejar todo en claro y le pregunté: *"Carlos, es una lástima lo que me decís, pero permitime que te haga una pregunta. Mañana cuando me despierte y lea el diario, ¿voy a leer que Bianchi se va por su propia decisión o voy a leer otra vez que se va porque los dirigentes y el presidente de Boca no lo quieren más? Mejor aclarémoslo de entrada, ¿no?".* Me aseguró que él siempre iba a afirmar que se trataba de una decisión personal y que Boca no tenía nada que ver.

Terminado el encuentro me senté frente a mi escritorio a escuchar música clásica. Quería saber cuánto iba a tardar Iván Pavlovsky en llamarme. Sabía que más temprano que tarde los periodistas iban a comunicarse con nuestro jefe de prensa para preguntarle si era cierto que Bianchi se iba de Boca. Pero lo que más me interesaba era saber cuáles eran los motivos que les daban. Hasta ese momento, la única persona en Boca que sabía que Bianchi había renunciado era yo. Un ratito después sonó mi teléfono. Por supuesto, se trataba de Pavlovsky: *"Mauricio, ¿qué pasó? ¿Se pelearon? ¡Me dicen los periodistas que tuvieron una reunión durísima!".* Guardé todos los diarios del día siguiente. Obviamente, la información que publicaban no reflejaba lo que había sucedido.

Conocí a pocas personas que utilizaran los medios de comunicación con tanta eficacia como Carlos Bianchi. Un gran número de periodistas deportivos suelen mezclar sus posiciones ideológicas personales, tantas veces afines con el populismo, con su tarea de informar. Es un clásico del fútbol y una práctica frecuente también en la política. De algunas interpretaciones de aquella época parecía desprenderse la idea de que Boca había sido exitoso *"a pesar de"* la gestión que habíamos hecho. En realidad, era todo lo contrario. Habíamos construido las condiciones necesarias para que el éxito sucediera mediante una transformación del club sin precedentes a lo largo de su historia.

Una vez más me encontré con la responsabilidad de elegir un nuevo director técnico para el primer equipo de Boca. En esta oportunidad hice todo muy rápido. Ese mismo lunes hablé con Miguel Ángel Brindisi y el martes llegamos a un acuerdo que anuncié de inmediato. Recordé una vieja frase de las novelas de aventuras que leía en mi infancia: *"¡El Rey ha muerto! ¡Viva el Rey!"*. Los interregnos sin conducción suelen traer enormes peligros para el liderazgo. Había que enviar una señal clara y dar por terminada la nueva etapa de Bianchi, poniendo una vez más a Boca y su continuidad institucional y deportiva por encima de cualquier otra cosa. Sin dudas, el gran éxito de Bianchi significaba una enorme presión. Pero Boca era más importante que las personas y los triunfos obtenidos no fueron obstáculo para que el equipo siguiera conquistando campeonatos y copas en los años siguientes.

El de Brindisi fue un ciclo fugaz y me costó mucho aceptar su renuncia después de una serie de malos resultados en el torneo local. Miguel me había presentado su dimisión en dos oportunidades y en ambas la rechacé. Ya lo he dicho: creo en los ciclos. Pero hubo un momento en que decidió que ya no tenía sentido continuar y renunció por última vez, en el vestuario y tras una derrota contra River. Fue otro golpe.

En Boca aprendí a entender las mentalidades de los entrenadores, la presión por los resultados que baja tanto desde la tribuna como desde el periodismo especializado. Pero mi visión fue siempre contraria a este hábito tan instalado en el fútbol argentino que consiste en cambiar los técnicos cada vez que pierden un partido. Desde mi punto de vista de ingeniero, la planificación y la consolidación de los proyectos es fundamental y no debe interrumpirse. Por esta razón rechacé una y otra vez las renuncias de Brindisi y de tantos otros. Me formé desde mis años de empresario con una convicción muy clara que mantengo hasta el día de hoy: los contratos están para ser cumplidos. Ya sea en la empresa, en el fútbol o en la política, los acuerdos y la palabra tienen un valor superior por encima de cualquier otra cosa. Es algo del orden de las convicciones y está fuera de toda discusión.

En ese momento, recibí un llamado de Maradona. Fue un llamado que me llenó de alegría. Había pasado un largo tiempo desde aquella reunión tan amarga en la casa de Luis Conde. Diego había sido muy duro conmigo en infinidad de entrevistas. Pero por mi parte, había aprendido a desprenderme de cualquier cosa parecida al rencor. Diego estaba en su mejor forma y parecía recuperado. Sentí que había llegado el momento de cumplir con mi palabra y le ofrecí la dirección técnica del equipo. Pero sus planes estaban puestos ya en otro lugar y unos meses después lo veríamos convertido en un gran conductor de televisión.

Nos reunimos en dos ocasiones en su casa de Villa Devoto. De alguna manera quería acercar a Maradona a Boca y le ofrecí la vicepresidencia de la comisión de fútbol, pero el tema no funcionó. Entonces Diego me hizo una gran recomendación: Alfio Basile. Le hice caso y descubrí en Coco Basile a un líder nato. Su liderazgo tiene otra escuela. Su autoridad no nace de dar órdenes. Por el contrario, su principal virtud es una increíble capacidad para desdramatizar las tensiones insoportables a las que lleva el deporte de alta competencia.

Basile es un hombre tranquilo. Su autoridad se nutre de la confianza que construye con sus dirigidos. Habla poco, pero lo necesario para que el funcionamiento del grupo sea armónico. Su estilo de liderazgo es más parecido al mío. Siempre me manifestó su voluntad de mezclar los talentos más experimentados con los talentos más jóvenes. Coco transmitía seguridad. No se dejaba envolver por los intereses del medio. Era un hombre de otro tiempo, adaptado al presente. De su mano, tuvimos un año en el que ganamos todos los campeonatos que jugamos. Cuando se fue a dirigir la selección nacional, su despedida fue conmovedora. Todos aprendimos mucho de Coco.

En su reemplazo, designamos a Ricardo La Volpe, que arrancó mal. Boca estaba primero y listo para quedarse con el Torneo Apertura 2006, a varios puntos del segundo, pero tres derrotas consecutivas y una final malograda contra Estudiantes de La Plata nos dejaron fuera del título. La Volpe era dueño de un estilo prácticamente opuesto al de Basile. Extrovertido y polémico, le costó hacer pie sobre los conflictos. Definitivamente, Boca necesitaba otro perfil.

Una vez más estaba ante la misma disyuntiva. Una personalidad más tribunera y cercana a la ansiedad de los hinchas o un profesional capaz de sostener un programa de trabajo más allá de las presiones. Tenía que evitar que el trabajo que habíamos capitalizado con Bianchi y con Basile se desbarrancara. Miguel Ángel Russo fue el hombre indicado. Había considerado la posibilidad de convocar a Miguel en otras oportunidades y no se había dado por diferentes motivos.

La llegada de Miguel se dio en coincidencia con el regreso de Riquelme, por entonces en conflicto con el Villarreal de España. Las oscilaciones y los altibajos de Román son una característica central de su personalidad. Su regreso al equipo fue una de las ideas más audaces que tuve a lo largo de mi paso por Boca. Aproveché el malestar del club español con Román y pagamos la suma de dos millones de dólares por contar con él durante solo cuatro meses. Puede sonar absurdo, pero fue una inversión que pagó enormes dividendos. El *shock* anímico fue inmenso sobre todo el equipo y también para la hinchada. Sabía que era necesario dar un golpe de efecto importante que no nos hiciera perder la mística ganadora que traíamos de la era Bianchi. Creo que Román sintió una profunda necesidad de demostrar que sus cualidades como jugador estaban intactas tras el traspié en el Villarreal. Así, con un Riquelme brillante y en su mejor forma, pudimos ganar la Copa Libertadores 2007.

Riquelme volvió y fue la figura excluyente del equipo. Su actitud, a diferencia de lo que había ocurrido en el ciclo anterior, hizo la diferencia. Román quería seguir en Boca, pero no teníamos manera de pagarle lo que pedía. Una vez más, primó la responsabilidad institucional. Viendo el derrotero posterior que tuvo Riquelme, sigo pensando que fue una decisión acertada. Las mismas tensiones que provocó en su etapa como jugador, las vuelvo a ver en la actualidad, a partir de su transformación en dirigente de fútbol.

Esa Libertadores fue la última copa conquistada durante mi gestión. Con ella comenzó a cerrarse una etapa en la historia de Boca y llegaba a su fin un tiempo imborrable en mi propia vida. Fueron seis títulos en el torneo local y diez copas internacionales. Dieciséis veces Boca dio la vuelta olímpica en doce años. Algo más que aquel título por año que había prometido en 1995. Aquella idea que me había atormentado de ser *"un presidente no ganador"* se había esfumado por completo.

Miraba hacia atrás y había reformado el estadio, puesto las finanzas del club en orden, construido la sede de las inferiores en Casa Amarilla, creado el Museo, establecido un mecanismo nuevo para financiar las compras de jugadores como el fondo de inversión, reformado el estatuto para adecuarlo al nuevo siglo y tantos otros cambios extraordinarios. Boca fue la demostración de una convicción muy profunda. Ninguna institución puede sustentarse en el tiempo sin solidez económica y financiera. Como he escrito antes, gracias a los goles de Palermo pude lograr la sanción de una medida única en el fútbol argentino: que los directivos avalen con su propio patrimonio personal las decisiones económicas que toman en el club.

Pusimos los colores de Boca en la cima del mundo. Fuimos el vehículo de la alegría y la felicidad de millones de hinchas en la Argentina. Habíamos ganado todo.

El pequeño pero influyente mundo del fútbol comenzó de a poco a reconocer lo que había hecho en Boca. No podía dejar de sonreír cuando muchos de los que tanto me habían combatido y criticado hablaban del gran trabajo con los juveniles, de la modernización del club, de la inserción de Boca en el mundo, de la prolijidad en la administración. ¿Qué había sucedido? La respuesta es simple: habíamos ganado. Una vez más pude evocar aquel verso sabio de Rudyard Kipling en su poema *Si* y comprobar toda su verdad cuando dice: *"Si puedes encontrarte con el triunfo y la derrota / y tratar a esos dos impostores de la misma manera"*.

En medio de todas estas sensaciones superpuestas estaba reconociendo el fin de un ciclo vital. Ya no era el mismo que doce años antes. Como Boca, yo también había crecido. Y tenía que capitalizar todo ese crecimiento.

La primera pista acerca de que mi ciclo estaba concluyendo fue la sensación extraña de comenzar a sentirme esclavo de Boca. Sabía entonces, como lo sé hoy, que hay un momento en que hay que ceder el paso a otros para que puedan seguir su camino con sus errores y aciertos. Necesitaba volver a ser un hincha como los demás. Gritar desde la tribuna como lo había hecho desde que era un niño.

El fútbol es un juego de equipo. Quizá las palabras no alcancen a definir el sentido de esta frase. Logré lo que logré en esos doce años por el equipo que estuvo en la cancha y por el que me acompañó en la gestión. Todos y cada uno tienen su parte en esta historia.

El fútbol vive en los vestuarios. En la intimidad del grupo, entre el olor a linimento, en el vapor de las duchas y en los códigos que manejan los jugadores. El vestuario es el lugar más importante de un club. Allí se juega el éxito o el fracaso tanto o más que en el campo de juego. Allí el técnico construye una verdad tan valiosa para el fútbol como para las empresas o para la política: el conjunto está por encima de cualquier individuo.

Puede haber estrellas, *cracks*, genios, superdotados. Pero nada sucede si el resto del equipo no lo sostiene. Todo se mezcla en el vestuario: lesiones, suspensiones, internas, vanidades, liderazgos negativos, narcisismos. Nada diferente de lo que vi después en la política. Tal vez en el fútbol haya más inocencia. Tal vez en la política haya más cinismo. Pero lo que está en juego es exactamente lo mismo. El proyecto colectivo por encima del proyecto individual. Uno para todos y todos para uno.

Como presidente de Boca, bajaba siempre antes de cada partido al vestuario a saludar a cada uno de los jugadores. Quería transmitirles mi respeto, mi respaldo y mi confianza. Si llegaron a vestir la camiseta de Boca, fue porque estaban en lo más alto de su condición como jugadores de fútbol. Pero nunca bajaba al vestuario después de los partidos. Mi presencia en ese momento estaba siempre de más. Es el momento de una intimidad que debe ser preservada. Salvo claro, la excepción del 3 a 0 a River, cuando Palermo metió aquel gol inolvidable que detuvo el tiempo en el universo.

Conocí a muchos técnicos. A todos los respeté por igual. Para un líder, el respaldo es clave. Lo hice luego como jefe de Gobierno y como presidente. Mi responsabilidad es dar la mayor tranquilidad, confianza, seguridad y libertad para que cada uno pueda hacer bien su trabajo. Suena obvio. Pero no lo es ni en el fútbol ni en la política.

Todos creemos que somos técnicos, así como creemos que somos economistas o presidentes. Pero nadie se las sabe todas. Conversando con los distintos entrenadores a los que acompañé, también aprendí a escuchar. Mantuve siempre un contacto estrecho con ellos y nunca quise transmitir presiones sino, por el contrario, disiparlas. Me encantaba sentarme con ellos y que me contaran sus visiones sobre los partidos, sobre el rendimiento de los jugadores y desde ese lugar —y solo desde ese lugar— contribuir a lograr lo mejor para el equipo.

Aprendí que la elección de los jugadores es una potestad del club y no de los directores técnicos. El técnico tiene una responsabilidad acotada. Bajo su liderazgo el equipo podrá ganar o perder. Pero a la larga o a la corta se irá. El presidente, en cambio, está regido por otra lógica: el voto. Y tiene un mandato determinado en el tiempo. Mi obsesión estuvo siempre en cuidar ese patrimonio material e inmaterial que se llama Boca. Hacerlo crecer. Lo intenté y creo, sin falsa modestia, que en muchos momentos lo logré.

El fútbol me dio muchísimo y le di muchísimo también. La despedida fue algo tremendo. No podía irme y sabía que tenía que dejar la presidencia del club de mis amores. En aquel momento pensé que nunca iba a volver a vivir algo igual. Un *para qué* tan intenso y tan grande.

Una vez más, estaba equivocado.

SEGUNDA PARTE

Poder

La Ciudad y la Nación

12

Casualidad y causalidad

El liderazgo y el poder van siempre de la mano. Como el liderazgo, el poder también encierra misterios y peligros. Por un lado, es una herramienta maravillosa para hacer y para transformar la realidad. A su vez te puede destruir si no estás bien plantado. A lo largo de los años pude ver la desesperación de muchas personas por tener, acumular y conquistar poder. La tentación de considerar el poder como un fin último en la vida para muchos es enorme. Pero el poder no puede ser un fin. Es apenas un medio.

La cuestión del poder ha estado presente en mi familia. Mi padre, un inmigrante italiano llegado a los diecinueve años a la Argentina, tenía una relación muy particular con el ejercicio del poder, tanto hacia el interior de la familia como con sus colaboradores en las empresas. Dueño de una inteligencia superior y de una enorme capacidad de trabajo, podía ser al mismo tiempo generoso, arbitrario e incluso cruel con las personas que estábamos a su alrededor. Hacia la época de mi secuestro, papá había logrado convertirse en el número uno entre los empresarios argentinos. Fue en él que pude reconocer lo mejor y lo peor que el poder puede hacer sobre las personas.

Con el tiempo, papá fue cambiando y el mismo esfuerzo que puso en construir un gran imperio económico lo llevó luego hacia la destrucción de muchos de sus logros. Como hijo mayor, fui testigo privilegiado de su apogeo y de su decadencia. Lo vi llegar a lo más alto y descender desde allí hasta su final. Sin quererlo, mi padre fue el mejor ejemplo posible acerca de los cuidados y las prevenciones que hay que tener con el poder. Como todos los padres, fue un maestro para mí. Pero también tuve que aprender a alejarme de su influencia. Desde chico entendí que mi relación con el poder debería ser diferente a la suya.

Se le atribuye a Abraham Lincoln una frase sabia: *"Casi todos podemos soportar la adversidad, pero si quieren poner a prueba de verdad el carácter de un hombre, denle poder"*. En el ejercicio del poder aparecen los rasgos más extraordinarios y los más perversos de los seres humanos.

A veces el poder es una droga. Un veneno frente al cual uno debe generar sus propios antídotos. El principal de todos es conocerse lo más posible a uno mismo. Sé que suena a una frase hecha o lugar común. Pero no lo es. Solo quien se conoce muy bien puede convivir con el poder sin quebrarse. Es clave tener en claro las propias debilidades y falencias para poder estar alerta y evitar que se adueñen de uno.

Frente a las trampas del poder, la familia es otro antídoto. El amor está a la cabeza de todo lo demás. Nuestro mundo personal más íntimo, la pareja, los hijos, los amigos de la vida. Son los que no se amedrentan frente al poder porque te tratan como siempre. Son los que no aflojan nunca y quieren ganarme siempre en los deportes o en las cartas. El poder debe quedar fuera de la relación con nuestros seres queridos. Ante ellos no existe el hombre público. Se es uno más, sin privilegios ni protocolo. Te exigen ser el mismo de siempre. Ese pequeño círculo de personas significativas a las que estamos unidos por el amor constituyen la mejor ayuda para no alejar los pies de la tierra.

Boca fue mi gran escuela de liderazgo pero también fue mi escuela en la política. Fue allí donde aprendí que el cambio es posible. En Boca comencé a entender cómo funciona el poder. Todo lo que encontré en el mundo del fútbol, lo volví a encontrar luego, aumentado o deformado, en la política. Allí también hay caudillos, intrigas, camarillas, conflictos, egos, lealtades y traiciones. Hay buena y mala gente. Hay honestos y hay corruptos. Hay idealistas inocentes y pragmáticos cínicos. Pero tanto en el fútbol como en la política encontré gente con un compromiso inquebrantable por hacer y cambiar las cosas. Estos son los mejores. Me rodeo de ellos tanto como puedo. Son los que trabajan día a día para que las transformaciones se puedan llevar a cabo.

En los primeros meses de 1996 acababa de ganar en las urnas la presidencia de Boca. Aún estaba dando mis primeros pasos en el club, tratando de entender dónde estaba. En ese momento, recibí una tarde una llamada de Claudia Bello, en la que me pedía encontrarse conmigo *para hablar de política*, según me dijo. Claudia era una joven funcionaria de extrema confianza del presidente Carlos Menem. Lideraba una agrupación peronista en el barrio de La Boca, era la hija de un legendario caudillo radical, Carlos Bello, y presidía el Partido Justicialista de la Ciudad de Buenos Aires. En aquel momento, estaba dedicada a atraer figuras ajenas a la política tradicional. De hecho, tuvo una influencia decisiva en la incorporación de otro joven, Daniel Scioli, a las filas del justicialismo, quien alcanzaría una banca como diputado nacional el año siguiente.

Recibí a Claudia Bello en medio del caos y el entusiasmo de aquellos primeros tiempos en el club. Después de conversar un rato sobre Boca y la situación del país, me preguntó si estaba dispuesto a ser candidato a jefe de Gobierno de la Ciudad de Buenos Aires por el Partido Justicialista. Ese año se celebrarían las primeras elecciones desde que la ciudad había alcanzado la autonomía política frente al Gobierno nacional. *"¿Qué me estás proponiendo?"*, respondí, sorprendido. *"Acabo de ser elegido presidente de Boca. Es el sueño de mi vida. Además, ¿con qué cara le explico a la gente que me votó que me voy para hacer otra cosa? Imposible. Olvidate"*, concluí.

Ahora la sorprendida era Claudia. Nunca había escuchado a nadie que rechazara una candidatura. Yo, en cambio, nunca entendí a aquellos que saltan de un lugar a otro, a esos dirigentes que nunca pueden vivir del todo en el presente porque están pendientes de su próximo cargo.

En 1999, el justicialismo, de la mano de Carlos Menem, volvió a hacerme la misma propuesta. Y nuevamente la rechacé. Mi compromiso seguía en Boca y aún estaba en deuda en materia de resultados deportivos como para pensar en dejar el club.

Un año más tarde, Domingo Cavallo se lanzó como candidato a Jefe de Gobierno con su propio partido, Acción para la República. Alejado del gobierno y enfrentado con Menem, Cavallo tenía los pergaminos de haber generado los únicos años de estabilidad en la economía del país en décadas. Rechacé la oferta que me hizo de asumir la jefatura de su campaña pese a mi admiración por la enorme capacidad de Cavallo. En aquella oportunidad disputó la elección de la ciudad con Aníbal Ibarra, quien lo derrotó.

A mediados de 2002 recibí, a través de mi amigo Ramón Puerta, una invitación a comer en la quinta de Olivos de parte del entonces presidente Eduardo Duhalde. En compañía de Ramón, fui a la residencia presidencial sin imaginarme que tiempo después viviría allí durante cuatro años. Durante la cena, Duhalde comenzó a desplegar ante mí una gran cantidad de encuestas. Según el presidente, los números indicaban con toda seguridad que estaba en condiciones de ganar las elecciones programadas para el año siguiente.

Duhalde había asumido la presidencia en un contexto traumático, tras la renuncia de Adolfo Rodríguez Saá a finales del trágico diciembre de 2001. En ese momento, el presidente buscaba con desesperación un candidato que pudiera vencer a su antiguo compañero de fórmula y ahora adversario, Carlos Menem. José Manuel de la Sota y Carlos Reutemann ya habían rechazado el mismo ofrecimiento que el presidente me estaba haciendo. Entusiasmado, Duhalde me prometía el apoyo de parte del poderoso aparato territorial de su partido y se ilusionaba ante una eventual presidencia mía. Por mi parte, escuchaba, respetuoso y en silencio. "*¿Y? ¿Qué te parece?*", me preguntó cuando llegó el momento de los postres.

Más de una vez me he hecho la pregunta de qué hubiera sucedido de haber logrado llegar a la presidencia en 2003 en lugar de haberlo hecho en 2015. Por supuesto, se trata de un ejercicio conjetural. La historia no se puede cambiar. Después de la gran crisis de 2001 todo parecía, paradójicamente, más simple. Los niveles de gasto público parecían estar controlados. En aquel momento apenas alcanzaban el 24 por ciento del producto bruto interno. Doce años de gobiernos kirchneristas lo habían hecho trepar hasta un inmanejable 42 por ciento. Al mismo tiempo, en 2003 aún no había atravesado la enorme experiencia de formación que significó para mí y para el enorme equipo que me acompañó el paso por el Gobierno de la Ciudad. ¿Qué era mejor? ¿La inexperiencia en un contexto económico externo favorable, aquel *"viento de cola"* con el que contó el kirchnerismo en sus primeros tiempos o acumular una mayor experiencia en un contexto adverso, como me tocaría a partir de finales de 2015, tras el desastre del populismo? Es una pregunta que no tiene respuesta.

Me tomé unos segundos para responderle al presidente, que me observaba dando por sentado que mi respuesta sería positiva. *"Eduardo, te agradezco muchísimo que hayas pensado en mí. Tal vez tengas razón y si acepto tu propuesta a lo mejor podría ganar las elecciones. Pero mi respuesta es no".* Duhalde frunció el ceño en un gesto de desaprobación. Y agregué una frase que recuerdo a la perfección: *"No te voy a negar que me gustaría ser presidente. Pero yo quiero llegar por causalidad, no por casualidad".* El presidente me dijo: *"¿Estás seguro? Mirá que puede ser que no tengas una segunda oportunidad".* *"Es posible"*, le dije. *"Pero voy a hacer todo lo que pueda para llegar por mis propios méritos cuando sea mi momento".*

Pocos días después de aquella comida, Duhalde finalmente dio su apoyo al hasta entonces casi desconocido gobernador de la provincia de Santa Cruz, Néstor Kirchner, quien se alzaría con la victoria pese a haber obtenido un número apenas superior al 22 por ciento de los votos. La causa fue que el vencedor, Carlos Menem, desistió de participar de la segunda vuelta temiendo una derrota que las encuestas estimaban segura.

Era evidente que para el poder político de entonces yo resultaba una figura atractiva, y debo admitir que no entendía del todo por qué. Menem, Cavallo y Duhalde habían tenido enormes diferencias entre los tres. Sin embargo, en diferentes momentos los tres se acercaron y a los tres les dije que no. Estaba claro que veían en mí un vehículo para llegar a un público más amplio. Mi secuestro en 1991 me había vuelto una persona conocida. Y luego, tras mi llegada a Boca, el nivel de exposición que tenía había crecido de manera exponencial. Boca me permitió entrar en las casas y ser parte de las conversaciones de millones de hinchas y simpatizantes en todo el país. Si bien mi objetivo nunca fue el de ser alguien famoso y conocido, la popularidad era una dimensión que había venido con el cargo.

Estoy convencido de que si hubiese saltado a la política a partir de mi fama circunstancial como presidente de Boca habría puesto en peligro o directamente perdido el activo que me había llevado a presidir el club. Dejar Boca en aquellos momentos significaba dejar de ser yo mismo, abandonar mi sueño y mi pasión para dejarme tentar por una lógica del poder que no comparto. Me habría convertido en una herramienta del poder de otros.

Antes de dar el paso siguiente debía y quería cumplir con quienes me habían llevado hasta donde estaba. La popularidad que me daba Boca era un ingrediente importante para dar el salto a la política. Pero era un ingrediente insuficiente. Sin buscarlo descubrí una lección fundamental: los niveles de conocimiento que muestran las encuestas no convierten automáticamente a una persona en un buen candidato y mucho menos en un buen gobernante. En otras palabras: la fama no es todo.

La idea de llevar mi *para qué* a la política ya estaba en mi cabeza. Algún día, pensaba, quizá pueda intentarlo. Hacia el cambio de siglo veía a la política como un horizonte posible. Necesitaba aprender más para entender de qué se trataba ingresar en la disputa por el poder real en la sociedad. Fue un proceso largo que llevó su tiempo. Había armado una mesa de discusión y análisis político con la que me reunía regularmente. Hasta que un día, una de las personas que la integraba, la socióloga y especialista en comunicación Doris Capurro, me puso en contacto con Francisco de Narváez y noté que ambos teníamos ideas parecidas. De la mano de Francisco llegaron las personas que integraban la Fundación Creer y Crecer que había creado y así comenzamos a trabajar juntos en sus oficinas en la calle Lafinur, en el barrio de Palermo.

El objetivo de la fundación era el de diseñar planes para transformar la realidad de la ciudad de Buenos Aires y de todo el país. Yo estaba enfocado en la ciudad y Francisco en el proyecto nacional. Nos reuníamos regularmente con especialistas en las distintas áreas de gobierno que aportaban ideas y proyectos. Creer y Crecer intentaba ser lo que hoy llamaríamos un *think tank*, un espacio que contaba con la participación de prestigiosos equipos de intelectuales, economistas, científicos, arquitectos, urbanistas. Había en aquella fundación una cierta efervescencia creativa. Yo escuchaba, hacía preguntas y al mismo tiempo iba descubriendo dimensiones nuevas sobre la complejidad del Estado y la gestión pública mientras me convencía cada vez más de la necesidad del cambio.

En 2003 consideré que después de los éxitos deportivos que había tenido con Boca estaba en condiciones de dar por concluida mi etapa en el club para dar mi primera batalla electoral por la jefatura de Gobierno de la Ciudad.

Las elecciones fueron el domingo 24 de agosto de 2003 y mi compañero de fórmula fue un joven Horacio Rodríguez Larreta, a quien había conocido por su trabajo al frente de la Fundación Sophia, que complementaba el que hacíamos en Creer y Crecer. Aquel día, el Frente Compromiso por el Cambio hizo su debut en la ciudad. Quedamos primeros por un estrecho margen sobre Aníbal Ibarra, quien estuvo acompañado por Jorge Telerman en representación del entonces incipiente kirchnerismo. La diferencia en los votos fue muy pequeña. Apenas cuatro puntos nos separaron de nuestros rivales, lo que auguraba una muy reñida segunda vuelta. Detrás de Ibarra se colocó Luis Zamora y, un poco más atrás, Patricia Bullrich, candidata por Unión por Recrear Buenos Aires.

Tres semanas más tarde llegó el *ballotage* y junto a él, la derrota. Ibarra alcanzó el triunfo con el 53 por ciento de los votos contra el 47 de nuestro frente. Fue una noche durísima. Sentía que había dejado todo en la cancha y se nos había escapado la victoria por muy poquito. No iba a poder llevar adelante mi proyecto pese a contar con el apoyo de prácticamente la mitad de los porteños. Cuando llegué a casa aquel domingo a la noche estaba destruido. Lloré toda la noche. La derrota es siempre cruel. Había perdido.

Sin embargo, aquella primera vuelta nos había dejado un fuerte bloque en la Legislatura con veintitrés representantes.

Nuestra lista había estado integrada por gente que se había sumado a nuestra propuesta proviniendo de diferentes tradiciones políticas. Pero entre ellos se destacaba el aporte de un grupo de políticos nuevos y muy jóvenes. Dueños de un idealismo a toda prueba y con una sólida formación académica, darían mucho que hablar en los años siguientes. Allí estaban, entre otros, Gabriela Michetti, Marcos Peña, Soledad Acuña, Paula Bertol y Martín Borrelli. Sus rivales internos no tardaron en ponerles un mote despectivo: eran el grupo *"Festilindo"*, por aquel programa musical infantil de éxito en los años ochenta.

La derrota tiene algo bueno. Se aprende. Aquel momento de bajón me hizo entender como ningún otro la importancia de los valores. Como había ocurrido en mi primera campaña en Boca, la conformación de Compromiso por el Cambio tuvo algo aluvional. Habíamos atraído a algunos políticos tradicionales y experimentados pero también a cuadros nuevos y sanos que estaban comenzando a recorrer sus caminos en la política. Mi trabajo tanto entonces como ahora era el mismo: *unir*. Contener a todos detrás del mismo sueño.

Sin un cargo ejecutivo, en la política había descubierto un rol nuevo. No era el jefe, como me había sucedido en Sideco. Tampoco era el presidente, como pasó en Boca. No podía mandar. Mi poder ahora era otro. A partir de ese momento supe que tendría que conducir.

Es fundamental para la supervivencia de cualquier proyecto poder superar rápido el trauma de la derrota. Como he dicho antes, el liderazgo aparece en las malas. Liderar en el éxito es fácil. La verdadera capacidad de un líder aparece en los momentos más difíciles. Tenía que ser capaz de retener a los que se habían sumado en aquella primera campaña. Y ahora que nos habíamos dado a conocer, debía sumar a otros para seguir avanzando.

Muchos pensaron que ante la derrota me recluiría en el fútbol o, incluso, que regresaría a la vida empresarial. Desde algunos medios estuvo siempre presente la subestimación. Me acusaban de no contar con la capacidad de tolerar el resultado adverso. Siempre me llamó la atención esa visión. Evidentemente, no me conocían.

A la mañana siguiente, después de la noticia de la derrota, ya se habían secado las lágrimas. Mi celular me despertó con un número desconocido: "*¡Mauricio querido!*". Era la voz inconfundible del Bambino Veira, con quien no había vuelto a hablar desde su salida de Boca, varios años atrás. "*Te llamo para decirte que jamás te voy a perdonar si no seguís… ¡Lo que hiciste fue esssstraordinario…!*"

Algunos lo llaman resiliencia. Otros, simplemente aguante, capacidad de tolerar la frustración, bancar. Tenga el nombre que tenga, es un recurso imprescindible. Lo había experimentado durante el secuestro y a lo largo de la difícil relación con mi padre. Y le respondí al Bambino: "*Sí, claro que voy a seguir. Pase lo que pase hay que seguir*". Comentamos los resultados del día anterior. Y fui a cumplir con una cita postergada con el dentista. Cuando terminé, me fui directamente desde el consultorio hasta la oficina. Necesitaba encontrarme con el equipo.

Llegué algo pasadas las diez. Uno a uno iban llegando todos. Entre sus rostros veía los de futuros ministros, legisladores, gobernadores y funcionarios. Ellos aún no lo sabían. Pero yo estaba convencido de que, más tarde o más temprano, iba a suceder.

Los pocos que ya habían llegado deambulaban sin saber muy bien qué hacer. Las elecciones habían pasado. Lo que venía por delante era incierto. Poco a poco fueron llegando los demás. Les dije que quería que nos reuniéramos todos y nos juntamos apretados en una sala. Los últimos, tristes y desencajados, iban llegando. Había un clima de final de algo. Como si cada uno se estuviera despertando de un largo sueño colectivo y tuviera el temor de tener que arreglárselas solo a partir de ese momento. Ya no más reuniones. Cada uno volvería a sus cosas y el equipo se disgregaría irremediablemente. Estaban también los que ya habían ingresado a la Legislatura, algunos veteranos y otros que parecían casi adolescentes.

Les quise transmitir toda la calma y la confianza que fuera posible. Les aseguré que iba a seguir. *"Esto recién empieza. Tenemos que seguir trabajando juntos. Ahora tenemos una responsabilidad enorme y no podemos hacernos los distraídos. Quédense tranquilos que yo voy seguir estando y los voy a cuidar. Nos votó casi la mitad de los porteños. A ver si cambian esas caras".*

Muchos recuerdan aquella mañana en la oficina. Una muy joven y tímida María Eugenia Vidal me preguntó: *"Pero ¿y a vos quién te cuida?".* Le hice una confesión. Desde muy chico había reconocido en mi padre uno de los rasgos característicos del poder: la soledad. Ese lugar donde ya no hay nadie detrás tuyo y solo contás con vos mismo.

Había que seguir dando la pelea. Quería que ese y ningún otro fuera mi mensaje. Habíamos llegado para quedarnos. Se trataba de nuestro *para qué*, de nuestros sueños, de los sueños de los que nos habían votado. Ya no teníamos derecho a renunciar a ellos.

13

Cromañón

En la noche del 30 de diciembre de 2004 ocurrió la tragedia. Algunos políticos me decían que había tenido *"suerte"* por no haber ganado las elecciones del año anterior y no estar al frente del Gobierno en ese momento. Nunca soporté el cinismo del mundo de la política. Siempre quise estar lejos de las personas que intentan sacar ventaja de cualquier cosa. Cromañón no fue un accidente. Fue el resultado de una serie de prácticas irresponsables que existían en la ciudad sin que nadie hubiera hecho nada por cambiarlas. Nosotros habíamos ingresado a la política para desterrar todo aquello. Era y sigue siendo uno de nuestros principales *para qué*.

Como todos los argentinos, sentí un enorme dolor por cada uno de los 194 fallecidos aquella noche. Fue la primera vez que tomé contacto con una tragedia de semejante magnitud. Pude identificarme con la angustia y la desesperación de los familiares de tantos jóvenes que habían perdido la vida. Yo también pensé que allí podrían haber estado mis hijos.

Junto al dolor vi la furia que se había desatado contra Ibarra y su gente. Y también sentí la enorme presión de los intereses que se habían puesto en juego tras la tragedia. Supe que tenía una enorme responsabilidad. Los padres de las víctimas habían puesto en mí la obligación de hacer todo lo que estuviera a mi alcance para que el juicio político al jefe de Gobierno se pudiera llevar adelante. Debía quedar claro ante todos el enorme entramado de complicidades y negligencias que hizo posible que sucediera lo que sucedió. Lo supe de entrada: si no se alcanzaba ese objetivo, la responsabilidad sería completamente mía. De nadie más.

Cromañón también puso en tela de juicio a todo el sistema político. Esto incluyó, con razón, a algunos que estaban militando en nuestras propias filas. Al conformar nuestra fuerza política se había sumado gente de todos lados, de los orígenes más diversos. A muchos de ellos prácticamente no los conocía. O apenas si los había acabado de conocer unos meses atrás.

Se hablaba de increíbles ofertas económicas y políticas que llegaban a algunos legisladores de la oposición con el objetivo de evitar a toda costa que se iniciara el proceso de juicio político y con él, la eventual destitución del jefe de Gobierno. Había una cuestión moral muy seria en juego. La política y los políticos, en particular cada uno de los que tenían responsabilidades en el proceso, se encontraron de inmediato bajo la lupa de toda la sociedad. Ninguno podía buscar salvarse. Con toda razón, el dolor de decenas de familias lo iba a impedir. Pero tenía mis dudas acerca de si todos estarían a la altura del rol que les iba a tocar desempeñar.

Casi un año después de la tragedia, en noviembre de 2005, la Sala Acusadora de la Legislatura debía aprobar el inicio del juicio político a Aníbal Ibarra y suspenderlo en el ejercicio de sus funciones. El entonces jefe de Gabinete de Néstor Kirchner, Alberto Fernández, presionaba hasta lo indecible al folclorista *"Chango"* Farías Gómez y a Sandra Bergenfeld, quienes formaban parte de nuestro bloque, con el fin de lograr que dieran vuelta su voto.

Pocas horas antes de aquella votación ocurrió uno de los hechos más escandalosos que me tocó presenciar en mi carrera política. El 23 de octubre de aquel 2005 habían tenido lugar elecciones legislativas. Encabecé la lista de candidatos a diputados nacionales por Alianza Propuesta Republicana, el antecedente directo del PRO, acompañado por Paula Bertol en segundo término y por el entonces conocido médico y periodista Eduardo Lorenzo *"Borocotó"*, que figuraba en tercer lugar seguido por otro joven que daría que hablar, Esteban Bullrich. Nos fue muy bien y obtuvimos seis de las trece bancas en juego. Detrás nuestro se ubicó la lista de Elisa Carrió. El kirchnerismo, representado por Rafael Bielsa, quedó tercero.

Dos años antes, Borocotó había ingresado como legislador de la Ciudad por nuestra lista. Hasta tanto se produjera su ingreso a la Cámara de Diputados seguía integrando nuestro bloque en la Legislatura de la Ciudad. Horas antes de la sesión en la que se debía decidir el juicio político a Ibarra, Borocotó se reunió con Alberto Fernández y con Néstor Kirchner en la Casa Rosada por más de una hora y desde allí anunció con bombos y platillos que no formaría parte en el Congreso del bloque para el que había sido elegido. En su lugar, había decidido conformar un bloque unipersonal aliado al kirchnerismo. Fue uno de los casos de transfuguismo político más increíbles y vergonzosos de la historia de nuestro país. El repudio y la condena por lo que había hecho Borocotó fue absoluto. La gente asistió incrédula al espectáculo de la traición a la confianza que se había depositado en un político. El ingenio popular no tardó en crear el neologismo *"borocotear"* como sinónimo de incumplir con la palabra y pasarse al bando rival.

Tras la reunión entre Alberto Fernández y Borocotó y dada la cercanía del jefe de Gabinete con Aníbal Ibarra, las dudas sobre la participación y el voto de Borocotó y de los otros dos legisladores crecieron al infinito. Nadie sabía a ciencia cierta cómo iban a votar. La reacción de los padres de las víctimas de Cromañón fue tremenda. Todos se dieron cuenta de lo burdo de la operación. La paridad era absoluta. Un voto en un sentido o en el otro podía cambiar el resultado esperado. Ante la magnitud del repudio, Borocotó decidió presentarse en la sesión. Lo mismo hicieron Farías Gómez y Bergenfeld, otros dos votos inciertos.

Fue así como la torpeza y el cinismo político de Alberto Fernández lograron disipar todas las dudas. Cuando llegó el momento de votar, todos nuestros legisladores lo hicieron de acuerdo a lo previsto. Con aquellos tres votos que tanta expectativa habían generado, se lograron reunir los treinta necesarios para iniciar el proceso al jefe de Gobierno.

Fue un momento muy importante en nuestra historia política. Había que dejar en claro el lugar y la importancia que debían tener las instituciones de la Ciudad. Este episodio corroboró mis intuiciones sobre la política. Las mismas que había llevado a Boca. Por un lado, que el poder no resiste la mentira. Cuando un político degrada su palabra y va cambiando su discurso en función de las presiones que recibe, pierde todo el crédito de sus votantes. El voto es un contrato y, como ya escribí, soy de los que creen que los contratos deben ser cumplidos. Por otro lado, corroboré el enorme valor que tiene otra voz: la de la opinión pública. La sociedad puede perdonar errores, pero el quiebre moral no lo perdonará nunca. Cuando se pierde la integridad, no hay retorno posible.

Cromañón fue una muestra de la degradación de la política. Reconozco que el tamaño de esa degradación fue para mí una sorpresa. Conocía a los integrantes de la clase política desde hacía tiempo. A finales de 2001 la sociedad los había condenado al grito de *"¡que se vayan todos!"*. Pero ni en mi visión más pesimista podía imaginar lo que viví en torno a una tragedia como aquella.

Desde hace ya muchos años que convivimos con esa estafa, esa deformidad perversa que es lo *"políticamente correcto"*. Es una trampa bajo la cual se suele esconder lo incorrecto, lo que está mal, lo que no se debe hacer. Como una verdadera policía del lenguaje va recorriendo nuestras mentes protegiendo a quienes no merecen ser protegidos, limitando nuestro campo de acción para evitar ofender a unos o molestar a otros.

Se había considerado *"políticamente correcto"* proteger a Omar Chabán, el responsable de Cromañón, por parte del oficialismo de entonces. Chabán era parte de un circuito *"progre"* y tenía amigos en el poder. Funcionaba dentro de un mundo lleno de sobreentendidos y corruptelas, que hizo que su local no fuera debidamente inspeccionado y que no cumpliera con los requisitos esenciales de seguridad destinados a evitar una tragedia como la que desgraciadamente ocurrió.

Recuerdo los mensajes y las visitas de los miembros del sistema político de entonces. La *"casta"*, como la bautizaría años después Javier Milei. Uno tras otro venían a decirme que era conveniente para mí que Ibarra continuara en su cargo porque estaba atravesando su segundo mandato y no iba a tener la posibilidad de ser reelecto. En cambio, si lo sucedía su vice, Jorge Telerman, este tendría la posibilidad de completar el período e intentar otro a continuación. Los que supuestamente sabían de política me alentaban a ir en contra de aquello en lo que creo. Para mi espanto, no eran voces que llegaban solo desde afuera. Entre nuestras propias filas había algunos que sostenían esa teoría. No podía creer lo que escuchaba. No podía, no puedo y no quiero aceptar que la política tenga ese nivel de alienación y de distancia con los valores.

La convicción y la conveniencia son dos fuerzas que pueden llegar a ir juntas en el ejercicio del poder. Pero la conveniencia no puede ir en desmedro de la convicción. Cromañón puso nuestras convicciones por delante de cualquier otra cosa. Para poder llegar a donde nos habíamos propuesto, la ejemplaridad fue y sigue siendo innegociable. Por suerte, encontré la misma convicción en Gabriela Michetti. Fue Gaby, con su enorme coraje, quien se ocupó de liderar la búsqueda de la verdad en la Legislatura.

Cromañón me provocó un dolor verdadero y profundo. Aquellas muertes fueron tan reales como evitables. El sufrimiento y la angustia que mostraban aquellos padres y madres era tan real como su voluntad de ir hasta las últimas consecuencias en su reclamo de justicia. Aquellos que apostaban a alejarme de mis convicciones para ir detrás de una conveniencia política miserable se equivocaron. Me negué. Una y otra vez dije que no. Sabía lo que estaba en juego. Me parecía tremendo que la conveniencia política fuese capaz de poner en cuestión por qué hacemos lo que hacemos. El *para qué* de lo que hacemos. Conmigo no pudieron. Con Gabriela no pudieron. Con Marcos y con cada uno de aquellos jóvenes que desde el primer momento pusieron la ética por encima de la conveniencia, no pudieron. Ante el uso que la política quiso hacer de una tragedia mantuvimos nuestra identidad a toda prueba.

El proceso posterior a la tragedia de Cromañón nos hizo crecer a todos. La gente nos puso desde entonces en un lugar que exigía no bajar nunca los brazos. Fue traumático, pero al mismo tiempo nos brindó una mayor solidez. Significó un mojón fundamental en nuestro camino. Establecimos un límite moral que jamás estuvimos dispuestos a traspasar.

También fue un momento decisivo para mí y para mi concepción del liderazgo y del poder. Nuestro proyecto consiste en desarrollar una sociedad mejor. Si hubiésemos contribuido a obturar la investigación sobre Cromañón todo habría terminado. Todos los sueños, todos los ideales y el *para qué* de mi participación habrían quedado sepultados para siempre. La sociedad siempre nos puso una vara más alta que a los otros actores de la política. Nuestros votantes jamás habrían perdonado esa mancha moral.

En ese momento, rompimos el cascarón. Había comenzado la gesta del cambio.

14

El poder y el *para qué*

Goar Mestre fue uno de mis grandes maestros. Fue para mí una especie de abuelo sabio al que siempre escuché con atención. Tuve la suerte de cruzarme con él en la década del ochenta. Por entonces, mi padre se había asociado con el legendario productor cubano de televisión cuando intentó ingresar, sin éxito, en el negocio de la TV privada.

Goar siempre me decía que antes de sumar una persona a mi equipo debía tener en cuenta su calidad humana por encima de sus capacidades técnicas. *"Si es una buena persona al menos en un 51 por ciento, tú podrás trabajar con él. Pero si no supera el 49 por ciento, mejor olvídalo. Por más que sea un experto en su tema, no te va a servir"*. Esas palabras quedaron grabadas a fuego en mi memoria.

En los orígenes de Compromiso para el Cambio, y luego del PRO, conté con la participación de personas de características muy diversas. No todos se habían acercado por las mismas razones a nuestro sector. Había políticos veteranos que provenían de distintas experiencias anteriores y jóvenes que daban sus primeros pasos. En la Legislatura, unos y otros se agruparon en dos bloques. Estaban los *"Nogaró"*, por el nombre del hotel porteño donde celebraban sus encuentros, y los *"Festilindo"*, que reunían a muchos de los emergentes del trabajo de las fundaciones Creer y Crecer y Sophia. Como siempre, mi trabajo era contener a todos y separar la paja del trigo. La delgada línea que había demarcado Goar en aquel consejo fue implacable. Con el tiempo, los mejores pudieron acercarse entre sí y otros quedaron en el camino por no cumplir con la regla del 51 por ciento.

No todas las adhesiones que recibimos en los comienzos daban la talla. Algunas figuras de la política tradicional consideraban que, por su historia o por conocimiento que decían tener del sistema político, debían ocupar posiciones relevantes en el partido que estábamos fundando.

La idea de fundar un nuevo partido tuvo mucho de audacia. Nuestro sistema político contaba a principios de siglo con dos grandes fuerzas tradicionales, con muchas décadas de historia: el radicalismo y el justicialismo. Ambos partidos habían atravesado etapas de éxito y fracaso y, para bien y para mal, estaban cargados de pasado. Por otro lado, había visto nacer y también extinguirse a distintas fuerzas que, en diferentes momentos, intentaron terciar entre aquellos gigantes. En la mayoría de los casos, sin poder escapar de tener tan solo un rol testimonial, incapaces de lograr expresar una verdadera vocación de poder.

No lo tenía del todo claro, pero sin saberlo estaba repitiendo una antigua leyenda familiar. Alguna vez mi padre me había contado una historia que tuvo como protagonista a mi abuelo, Giorgio Macri, que falleció cuando yo ingresaba en la adolescencia. Con los años pude descubrir algo más de aquel relato olvidado. Tras la caída del fascismo en Italia, mi abuelo había tenido un rol importante junto a su amigo Guglielmo Giannini en la creación de un nuevo partido político: *Il Partito dell' Uomo Qualunque*, el *Partido del Hombre Común*, a partir del éxito de un periódico satírico que publicaban bajo el mismo nombre.

El partido de mi abuelo era un acérrimo opositor por igual del fascismo y del comunismo. Había nacido del fuerte rechazo por los partidos tradicionales, proponía una radical reforma del Estado y era defensor del libre mercado. Los *qualunquistas,* como se los llamaba, tuvieron un gran desempeño en las primeras elecciones democráticas en la Italia de la postguerra. Papá, aún un adolescente en Roma, acompañaba a mi abuelo en innumerables reuniones, en la que fue la única participación partidaria que le conocí a lo largo de su vida. En 1948, un año antes que mi padre, Giorgio Macri emigró a Argentina. Poco tiempo después los *qualunquistas* comenzaron a perder peso hasta desaparecer por completo. Evidentemente, algo de todo aquello, de esa insatisfacción frente a lo dado, corría por mi sangre. Décadas después de la experiencia política de mi abuelo, me encontraba a mí mismo emprendiendo un camino similar.

El PRO fue desde su nacimiento algo distinto. Para conquistar el poder y llevar adelante el proyecto de transformaciones que me había propuesto, entendí que necesitaba de una fuerza política que expresara nuestro *para qué*. Para el sistema político tradicional, siempre conformamos un elemento disruptivo. Habíamos decidido disputar el poder para expresar el cambio y una ruptura radical con las formas más tradicionales de la política argentina.

Antes de todo, el PRO es un partido compuesto por buenas personas que compartimos la vocación de servicio y una serie de valores y principios innegociables. Conformamos una identidad diferente, novedosa y contemporánea, muchas veces inclasificable para los analistas políticos. Al mismo tiempo, llegamos a la política con la idea casi obsesiva del cambio.

He dicho muchas veces que no importa de dónde viene cada uno sino hacia dónde vamos todos juntos. Si vamos hacia una sociedad abierta, integrada al mundo, democrática, republicana, con valores liberales, con progreso y desarrollo, entonces podemos jugar en el mismo equipo. La diversidad nos hizo fuertes en tanto y cuanto compartimos lo esencial de nuestro *para qué*. Como líder, mi rol fue siempre mantener esa unidad en la diversidad.

Para construir un proyecto de poder real, siempre hay que tener un ojo puesto en las convicciones y el otro en la oportunidad política. Como me ocurrió en aquellos primeros encuentros, antes de llegar a la presidencia de Boca, el relato de mi propia historia y mi propio *para qué* encontró eco e inspiró a muchas personas a sumarse por primera vez a la política.

Muchos se sumaron impulsados por la fuerza irresistible de sus convicciones. Leales a sus principios, dejaron su zona de confort en la actividad privada para ser parte de algo más grande y trascendente. No se trataba de mi proyecto personal sino de un proyecto de cambio que está más allá de las personas. Otros, en cambio, se sumaron por conveniencia y oportunismo, dejando sus convicciones en un segundo plano. En general, y más tarde o más temprano, se fueron. Siempre me sentí más cómodo en el campo de las convicciones. Las lealtades que surgen a partir de las ideas comunes son siempre las más duraderas en un territorio tan frágil como es el de la política.

La lección es que el poder se construye con lo que hay. A veces hay que hacerlo con los buenos y con los que no son tan buenos. No podíamos hacer un partido con vocación de poder importando dirigentes políticos de Suecia o Finlandia. Tuvimos que hacerlo con quienes estuvieran dispuestos. Y a la vez, debí hacer un fuerte trabajo de docencia para que, una vez más, todos tuvieran muy en claro por qué y *para qué* estábamos buscando el poder. De entrada elegí la generosidad y brindar espacios de protagonismo a todos. Esa fue siempre mi estrategia para maximizar el compromiso y el potencial de crecimiento de todos los que se fueron sumando.

En los Estados Unidos se usa una expresión que me representa cabalmente en la dura tarea de construir un nuevo partido político. Ellos dicen en inglés *"learning by doing"*, que significa "aprender haciendo". Yo tuve que aprender haciendo. Me sucedió en la empresa, me volvió a suceder en Boca y me sucedió una vez más al ingresar a la política. Tuve que aprender a conducir en la diversidad. Una diversidad enorme de personas a las que prácticamente no conocía. Tuve que lograr que creyeran en mí y poder ser capaz de transmitir a cada uno de qué se trataba lo que estábamos haciendo. Fue un camino que no estuvo exento de errores. Muchas veces tuve que tragar saliva para mantener acuerdos. Aprendí a lidiar con enormes egos y narcisismos. No fue nada fácil. En más de una ocasión tuve que masticar bronca. El liderazgo político no consiste en ver quién grita más fuerte. Al contrario, el enojo es siempre inútil. En una empresa se manda. En la política se conduce y se persuade. En democracia, los votos son los que ordenan la política. Aprender haciendo fue el mejor método para hacer lo que hicimos y llegar adonde llegamos.

En 2005 fui electo diputado nacional por la Ciudad de Buenos Aires. Para alguien como yo, cuya pasión está en el hacer, el trabajo como legislador no resultó algo demasiado estimulante. La idea de mi postulación surgió de una estrategia destinada a ayudar al crecimiento y la consolidación de nuestra fuerza política. En este sentido, la campaña electoral abrió la posibilidad de llevar mi mensaje a toda la sociedad.

Una vez sentado en mi banca no tardé en darme cuenta de que estaba en un rol equivocado. Me encontré con las limitaciones de un bloque muy pequeño y ultraminoritario frente a un kirchnerismo que ya contaba con una holgada mayoría propia. Apenas si podíamos cumplir una función testimonial y declarativa. Por su propia función en nuestro sistema, el Congreso está lejos de la función ejecutiva. Los laberintos legislativos y nuestra casi nula incidencia hacían que a veces los objetivos se perdieran de vista frente al peso de aquello que Emilio Monzó definió alguna vez como "*la rosca*", esa negociación constante, ese toma y daca característico del ambiente legislativo. Definitivamente, el cargo de diputado no era lo mío.

Aquellos dos años en el Congreso coincidieron con el final de mi etapa en Boca. El año 2007 fue un nuevo punto de inflexión en la historia de nuestro proyecto. Y también en mi propia vida.

15

No me arrepiento de este amor

Había llegado el año 2007 y, por segunda vez, era candidato a Jefe de Gobierno de la Ciudad. En respuesta a mi candidatura, el kirchnerismo gobernante había lanzado una agresiva campaña destinada a desacreditarme. Su lema era *"Mauricio es Macri"*. Como buen populista, Néstor Kirchner funcionaba a partir de sus propios prejuicios y creía que la sociedad estaría dispuesta a actuar de acuerdo a su agresividad y sus simplificaciones.

El domingo 3 de junio fue un día especial. Una multitud de gente había entrado a la confitería de la esquina de avenida Santa Fe y Scalabrini Ortiz para saludarme y desearme suerte en las elecciones. Mientras intentaba abrirme paso entre un enjambre de periodistas, curiosos y simpatizantes, antes de emitir mi voto en la escuela que estaba enfrente, una señora mayor se acercó y me dijo que quería decirme algo importante. Me detuve a escucharla mientras me miraba a los ojos: *"Mauricio, sé vos mismo. Pase lo que pase, por favor, siempre sé vos mismo"*.

Ese día los porteños fueron a las urnas para elegir un nuevo jefe de Gobierno. Estaba llegando a su fin el período que había iniciado Aníbal Ibarra y había continuado Jorge Telerman. Me acompañaba en la fórmula una joven política, dueña de un carisma extraordinario. Era Gabriela Michetti. Gaby había obtenido una banca en la Legislatura de la Ciudad en 2003, y como he contado tuvo un rol decisivo en todo el proceso que siguió a la tragedia de Cromañón. Poco a poco su figura se fue volviendo muy popular. Estaba convencido de que su simpatía e inteligencia estaban destinadas a llegar al corazón de los porteños. Representaba como pocos el cambio que estábamos proponiendo.

Aquel domingo nuestra fórmula se impuso sobre la boleta kirchnerista de Daniel Filmus y Carlos Heller duplicándola en votos. Superamos el 47 por ciento, pero debimos ir a un *ballotage* tres semanas más tarde. Obtuvimos más de un millón de votos, que representaban ni más ni menos que el 61 por ciento del total de los sufragios.

Aquella noche sentí una felicidad inmensa. Al mundo político tradicional siempre le costó entender y aceptar nuestra alegría. Me recuerdo a mí mismo en el búnker bailando con Gabriela desde su silla de ruedas entre globos amarillos mientras la voz de Gilda salía de los parlantes diciendo lo que yo mismo sentía: *"No me arrepiento de este amor"*. El baile, los globos y la felicidad que estábamos viviendo y expresando eran elementos que no hacían más que despertar indignación en nuestros rivales, demasiado acostumbrados a teñir siempre la política con un fuerte tinte dramático.

Desde siempre desafiamos ese paradigma amargo. Con los años, nuestra manera de hacer campañas y festejar nuestros triunfos sería copiada por los mismos sectores políticos que desde 2007 cuestionaron y pusieron la alegría en un mismo plano con la frivolidad.

Nunca supe por qué bailé con Gabriela aquella noche. Fue una forma espontánea de mostrar mi alegría. Bailar es un acto compartido. Ser yo mismo, como me había pedido semanas antes aquella señora, exige naturalidad, frescura, verdad. De eso se trata. Como la angustia o la pena, la alegría tampoco se puede actuar u ocultar. Estaba feliz porque habíamos llegado lejos. Había pasado el tiempo, habíamos crecido. Pero aún faltaba lo más importante: ¿estaríamos en condiciones de cumplir con lo que habíamos propuesto a los porteños?

Una vez que los festejos, los bailes y los globos quedaron atrás llegó la hora de armar el equipo para salir a la cancha. Una cosa era la teoría y otra, bien diferente, la práctica. Para la jefatura de Gabinete elegí a Horacio Rodríguez Larreta. Horacio se había acercado a mí años atrás junto al equipo de la Fundación Sophia. Desde allí trabajó en el diseño de planes de gobierno en diferentes áreas. Fue a través suyo que se acercaron jóvenes profesionales como María Eugenia Vidal, Carolina Stanley o Eugenio Burzaco a nuestro equipo.

A diferencia de mi caso, Horacio provenía de una familia que había estado vinculada a la política durante varias generaciones. Él mismo tenía una larga experiencia en la administración pública. Había sido funcionario en los años de Domingo Cavallo al frente del ministerio de Economía y en el área de Desarrollo Social junto a Palito Ortega. Había adquirido cierta notoriedad como interventor del PAMI durante la presidencia de Fernando de la Rúa y en 2003 me había acompañado en la fórmula como candidato a vicejefe de Gobierno. Desde entonces trabajamos juntos.

Me resultó siempre fácil trabajar con Horacio. A diferencia de muchos dirigentes políticos, se trata de una persona con un fuerte control de su ego que hace un culto importante a la eficiencia. Es alguien con una enorme capacidad de trabajo y organización. La dinámica con la que había pensado el rol de la jefatura de Gabinete hizo necesario que dedicara mucho tiempo durante mi primer mandato en lograr empoderarlo frente a los otros ministros. Necesitaba que el jefe de Gabinete fuese capaz de construir su propia autoridad sobre el resto del equipo y que pudiese ejercerla de manera autónoma.

En las empresas, los organigramas suelen definir líneas de mando verticales. Existen jefes y subordinados. Hoy eso está en discusión y en plena transformación por esquemas más horizontales. Pero siempre hay alguien por encima, con un poder mayor de decisión, sea el accionista, el CEO o el gerente general. En la política y la gestión pública, las cosas son diferentes.

Entre quienes se suman a un proyecto político, los egos tienen un rol decisivo. Si bien todos comparten un acuerdo básico en el plano de las ideas, es habitual que algunos se perciban a sí mismos por encima de los demás y que les resulte difícil o incómodo aceptar la subordinación. A lo largo de nuestra historia, en el PRO hemos podido resolver con éxito este tipo de situaciones. En otras fuerzas políticas más tradicionales, la cuestión de la autoridad se vive de otra manera y las disputas internas suelen alcanzar dimensiones gigantescas que terminan por destruir cualquier forma de organización.

Esta es la razón por la que siempre le di mucha fuerza a la jefatura de Gabinete. En mi arquitectura del poder político en la administración, se trata de una figura clave para que las responsabilidades individuales no se diluyan. El jefe de Gabinete no es un ministro más. Mi idea es que se trata de una posición que exige coordinar el funcionamiento de los ministros y señalar el grado de cumplimiento de los proyectos. Desde luego, se trató de un cambio sustancial y no fue algo que los ministros y funcionarios pudieran aceptar fácilmente. Lo que en una empresa es un proceso habitual, en el Gobierno de la Ciudad significó un enorme trabajo para que pudiera ser incorporado.

Este método fue una revolución en la manera de gestionar la Ciudad, que luego llevé a la Nación. Las reuniones de seguimiento con cada ministro y su equipo, la implementación del tablero de control con sus alertas a través de indicadores que rápidamente pudieran señalar los grados de cumplimiento de las metas, las reuniones de gabinete ampliado con la participación de segundas y terceras líneas y las propias reuniones de gabinete fueron en buena medida responsables de que hayamos podido llevar adelante la cantidad de transformaciones que fuimos capaces de implementar.

La gestión del disenso es otro de los desafíos principales en el ejercicio del poder. Se trata de un tema central en cualquier actividad y tiene un impacto crucial. Para resolverlo, decidí contar desde el inicio de mi actividad política con un pequeño grupo al que la prensa bautizó como la *"mesa chica"*. En los Estados Unidos lo llaman el *"inner circle"*, el círculo íntimo. Se trata de un grupo de confianza destinado a la discusión y el debate sobre los posibles rumbos de acción.

Este tipo de espacios de reflexión para la toma de decisiones tiene una enorme importancia y requiere de mucha escucha por parte del líder.

Esta "*mesa chica*" me ha ayudado a evitar errores y también ha sido artífice de numerosos aciertos. La dinámica de este espacio necesita de una profunda honestidad intelectual por parte de todos sus integrantes. El líder debe garantizar la libertad para poder expresar opiniones diversas y hasta contrarias a las suyas. A su vez tiene que estar dispuesto a acatar las posiciones de la mayoría. En última instancia, la responsabilidad de las decisiones siempre recae en quien ejerce la tarea de liderar. Pero al mismo tiempo, los miembros del grupo deben contar con la valentía necesaria para no ceder a la tentación de agradar, aun a costa de que se generen discusiones duras o difíciles. Ya lo he dicho: el principal problema en el ejercicio del poder está siempre en el ego. Si la familia y los amigos han sido siempre dos de mis principales antídotos frente a los peligros del poder, la "*mesa chica*" fue el tercero. Se trata de un insumo fundamental para poder tomar las mejores decisiones.

En el Gobierno de la Ciudad designé a Marcos Peña como secretario general. Marcos había llegado con poco más de veinte años a la Fundación Creer y Crecer como *junior*. Desde el principio su voz fue diferente a la de los demás y se hizo notar. Marcos piensa diferente. Es dueño de una capacidad estratégica superior y desde muy temprano entendió el rol decisivo que tenía la comunicación en el proyecto de poder que estábamos construyendo. De algún modo, fue el responsable de convertir nuestro *para qué* en una estrategia. Comprendió antes que nadie que el sentido de lo que estábamos haciendo requería de un enorme trabajo de proximidad y de vínculo con los ciudadanos. Marcos supo ver el valor de las por entonces nuevas redes sociales y el de los cambios culturales que traían aparejadas. Fue uno de los ideólogos del cambio y una de las puertas de entrada para muchos otros jóvenes como él, que se sintieron interpelados por la transformación que estábamos emprendiendo.

Entre los peligros y riesgos que encierra el ejercicio del poder, se encuentra la autocomplacencia. El poder va acercando personas que sostienen su inseguridad a través de decir que sí a todo. El poder genera una especie de aura de infalibilidad en quien lo ejerce que es completamente falsa y destructiva. En las empresas de mi padre se solía hablar del *"sifranquismo"*. Era el modo de definir la acción de aquellos gerentes incapaces de sostener criterios propios y que evitaban aportar sus puntos de vista cuando papá planteaba alguno de sus muchos proyectos disparatados.

La idea de que todos te den la razón puede resultar atractiva para quienes usan el poder para reafirmarse a sí mismos. Pero esa comodidad genera inexorablemente los peores resultados. Por el contrario, es fundamental contar siempre con personas inteligentes que sostengan sus criterios e ideas. Marcos fue uno de los que cumplieron con ese rol a la perfección. A diferencia de los que dicen sí a todo, Marcos ofreció siempre su visión sobre cada tema y en todo momento. No se trata de algo menor. El líder tiene una suerte de obligación moral de escuchar siempre. Nadie, ni el más brillante de los conductores, es infalible.

Para construir mi primer equipo de gobierno, convoqué a diversas personas que no provenían de la política. Estaba tan convencido entonces como lo estoy ahora de que no existen posibilidades de hacer un cambio real si se privilegia solo a los que se han formado en la cultura que nos hemos propuesto transformar. Llevar adelante nuestro *para qué* exige convocar siempre a los mejores. Es lo que he buscado hacer desde el comienzo.

16

La inconsciencia inicial y los riesgos

No le temo al riesgo. Sé que se puede ganar o perder cuando uno toma riesgos, pero no se puede ganar si uno no lo hace. Los cálculos racionales y los análisis técnicos desapasionados son imprescindibles para la toma de decisiones. La mala noticia es que, pese a todo, son insuficientes. Toda decisión está acompañada de un conjunto de variables cuyo comportamiento desconocemos. Es imposible saber de antemano qué va a pasar con esto o con aquello, qué harán los demás o cuál será la evolución de las tendencias que se manifiestan en el presente. Al formular una estrategia todos estos elementos cumplen un rol protagónico. Pero, insisto, no alcanza.

Por otro lado, cuando la intuición es la única guía, el peligro recae en la improvisación, uno de los peores métodos para liderar y ejercer el poder. El análisis y la preparación cumplen la función de reducir al mínimo los riesgos. Mis mejores decisiones han sido siempre el resultado de la suma de todos estos aspectos: razón y pasión, cerebro y corazón, análisis y convicción. Todos fueron centrales para llevar adelante mi *para qué*.

A veces la vida avanza de manera suave y progresiva, pero en determinados momentos el progreso sucede a través de saltos y cambios más abruptos. Cuando reviso mi propio camino encuentro que una y otra vez estos cambios se produjeron a partir de dominar el miedo a los riesgos que encerraban. Dirigir una empresa, presidir Boca, llegar a la Jefatura de Gobierno de la Ciudad de la mano de una fuerza nueva y, especialmente, alcanzar la Presidencia de la Nación en un marco de una gran debilidad fueron decisiones no exentas de enormes amenazas y peligros.

Desde un punto de vista racional y utilitario podría pensar que fueron todas decisiones tomadas sin mirar los peligros que podían acarrear. Sin embargo, las tomé porque mi *para qué* fue siempre más fuerte que el riesgo y sus posibles consecuencias.

En esa suerte de inconsciencia, en ese salto hacia lo desconocido, en ese desprendimiento liberador reside la fuerza necesaria para alcanzar las grandes metas. La relación entre la consciencia y la audacia es una tensión central en el ejercicio del poder. Demasiada prudencia puede implicar un riesgo aún mayor que la inconsciencia necesaria para, en muchos casos, decidir patear el tablero y romper la inercia, y generar así las condiciones para el cambio.

No existe un único momento de decisión frente al riesgo. No hay una iluminación genial que hace que uno tome una decisión audaz. Las decisiones maduran a lo largo de procesos evolutivos personales hasta que un día terminan manifestándose en acciones concretas. En cada paso que fui dando a lo largo de mi vida se repitió esta lógica.

Las principales decisiones que tomé comparten un factor común: salir de mi zona de confort para pasar a otra en la que debía comenzar a construirme de nuevo y desde cero.

Es cierto que hubo elementos de mi formación y mi experiencia empresaria que fueron enormemente útiles cuando llegué a Boca. Ya he escrito que Boca fue mi escuela para la política y mucho de lo que aprendí en el club influyó sobre mi trabajo cuando estuve al frente del Gobierno de la Ciudad de Buenos Aires. Y mi experiencia allí tuvo un enorme valor en la presidencia. De todos modos, cada paso me llevó a un nuevo comienzo.

La aversión al riesgo es incompatible con el hacer. Para transformar la realidad, es necesario ir más allá del cálculo y la especulación. ¿Cuántas veces debí ir en contra de lo que me decían? ¿Cuántos prejuicios debí enfrentar? ¡Tantas veces escuché las mismas advertencias! *"No se puede"*, *"nunca se intentó"*, *"no vas a llegar"*, *"nadie pudo con eso"*, casi siempre pronunciadas desde las mejores intenciones. Pese a ello, mi motor interno me llevó a intentarlo más allá de los obstáculos que se presentaran, que no fueron pocos.

Convertir una gran empresa constructora como Sideco en una prestadora de servicios fue algo impensado. Incorporar en la cultura de Boca y del fútbol argentino un paradigma capitalista fue algo totalmente disruptivo, que requirió de mucha política en el mejor sentido del término; es decir, la construcción de alianzas y acuerdos para hacer realidad un proyecto compartido.

Hacer un nuevo partido político desde la nada con capacidad para competir y gobernar en un país en el que los partidos mayoritarios nacieron hace muchas décadas fue otro movimiento audaz, un salto sin red que me hizo ir más allá de lo esperado y crecer. Casi todos los intentos que se habían llevado a cabo para contar con terceras fuerzas frente al peso tradicional del peronismo y el radicalismo terminaron en fracasos o en el olvido.

En las empresas, los vínculos se establecen a partir de un contrato de trabajo. En la política, el contrato es de otro tipo. Está en las ideas. Por eso, siempre busqué armar equipos diversos y heterogéneos que pudieran minimizar la dimensión de los riesgos. Cuando veo cómo se *"revuelan"* funcionarios y se los reemplaza sin saber si los nuevos cuentan con la idoneidad, experiencia y capacidad necesarias, más y más me convenzo de la importancia y la centralidad de los equipos de trabajo. La voluntad individual es siempre insuficiente. Siempre.

No temer el riesgo fue un elemento clave desde el comienzo. Saber que las cosas podían salir mal nunca fue un freno. Cuando comencé en Boca, tenía mis temores. Pensaba que mi inexperiencia me podía jugar una mala pasada. Sin embargo, con el tiempo me di cuenta de que esa locura, esa presión y esa exigencia por hacer bien mi trabajo me orientó más hacia el éxito que hacia el fracaso.

Nunca me interesó alcanzar una posición por la posición misma. No quería convertirme en presidente de Boca para ocupar el cargo. Quería cambiar a Boca, quería cambiar el club y al fútbol argentino. Lo mismo me ocurrió en la Ciudad o en la Nación. Jamás tuve esa obsesión tan frecuente en los hombres públicos de permanecer atado al poder desde el Estado. Nunca me interesó llegar para integrar esa *"casta"* política de la que tanto se habla. Prefiero la rotación entre el sector privado, el mundo académico y la política. Es un camino más provechoso para la sociedad y también para las personas. La formación de sistemas cerrados, endogámicos, no se valida en resultados positivos. Quienes fomentan estos sistemas suelen estar más preocupados por su propia preservación que por las transformaciones para las que se sintieron convocados en un primer momento.

Nunca estuve dispuesto a negociar aquella inconsciencia inicial, la vocación por el cambio por encima de todo. Obviamente no soy la misma persona que era en Sideco a mis veintitantos. Tampoco soy el que tenía treinta y seis años cuando llegó a la presidencia de Boca. Ni siquiera tengo los cuarenta y ocho que tenía cuando fui elegido por los porteños como jefe de Gobierno de la Ciudad. La omnipotencia que sentía al comienzo de mi carrera fue dejando paso a un lugar de mayor humildad. En el fondo se trata siempre de lo mismo: de resistir el miedo al fracaso, el aspecto más paralizante para un líder.

Ese sentido de inconsciencia forma parte de mi identidad. La madurez trajo una herramienta adicional. Hizo que me encontrara con un enorme bagaje de experiencias acumuladas y aprendizajes realizados. Pero la madurez nunca debe convertirse en una mochila que termine cancelando el espíritu de cambio. Se trata de vivir entendiendo el funcionamiento del presente sin falsas nostalgias. El mayor riesgo de no tomar riesgos es volverse anacrónico. Los líderes envejecen cuanto más se alejan del riesgo y del cambio. En otras palabras, cuanto más lejos quedan de aquel fuego inicial.

Liderar en la política del siglo XXI es más complejo de lo que fue en el pasado reciente. La revolución tecnológica ha empoderado a la ciudadanía de una manera que nunca antes habíamos visto. El acceso masivo a la información a través del universo digital ha traído innumerables beneficios a la sociedad. Pero al mismo tiempo, ha generado un estado de constante insatisfacción y ansiedad.

Tras el final de mi mandato tuve la oportunidad de conversar largamente sobre lo que llamo *"la revolución de las expectativas"* con el presidente de Francia, Emmanuel Macron. Coincidimos en que la revuelta de los chalecos amarillos que conmocionó su país a partir de 2018 fue un ejemplo de esta verdadera revolución sin líderes ni programas precisos.

Este tipo de reacciones populares han tenido lugar en distintos países y bajo gobiernos de diferente signo político. Todas ellas han surgido a partir de hechos importantes pero que no alcanzan a explicar la dimensión de las movilizaciones que desataron. En Francia se trató de un incremento en el precio de los combustibles. En muy poco tiempo los reclamos se extendieron de manera caótica, sin contar con un liderazgo claro y acumulando reclamos disímiles. Sucedió en Chile de manera violenta a raíz de un aumento en el transporte al final de la presidencia del presidente Piñera, pasó en Colombia a causa de una reforma tributaria y también en los Estados Unidos, a partir del asesinato de un ciudadano afronorteamericano por parte de las fuerzas policiales. En todos los casos, la dinámica fue similar.

En este mundo de realidades cada vez más complejas, la sociedad parece decidida a decirle a sus líderes, una y otra vez, *"¡queremos más!"*. El acceso infinito a la información y a la comunicación instantánea en el mundo contemporáneo plantea un escenario completamente nuevo. Se trata, sin dudas, del mayor desafío al poder surgido en los últimos años. De cómo podamos enfrentar y resolver estos nuevos desafíos dependerá el destino del orden democrático.

17

"Mauricio, no digas que se va a seguir inundando"

"Lo vamos a hacer. Pero lo tienen que hacer en ciento ochenta días. ¡Ciento ochenta, ni uno más! ¿Está claro?" Daniel Chain y Guillermo Dietrich me miraron aterrados. Daniel era ministro de Desarrollo Urbano. Guillo se desempeñaba como subsecretario de Transporte. Los había convocado para que escucharan las opiniones de Santiago de Estrada, uno de los principales críticos de la idea de construir el Metrobús sobre la avenida 9 de Julio, la ancha arteria que atraviesa la ciudad uniendo los barrios de Retiro y Constitución.

"Esto no va a funcionar", repetía Santiago, al tiempo que decía que no con la cabeza. De Estrada no era el único que se oponía a la obra. Varios miembros de mi gabinete pensaban lo mismo. Algunos me dijeron directamente que me había vuelto loco. Que cómo iba a generar semejante lío de tránsito en pleno centro de la ciudad. Que la gente se iba a enojar y no nos iba a votar nunca más.

En mayo de 2011 habíamos inaugurado el primer Metrobús sobre la avenida Juan B. Justo. No habíamos inventado nada. El concepto se estaba utilizando con éxito en algunas ciudades importantes del mundo con el nombre BRT, que en inglés significa *Bus Rapid Transit*. Se trata de una alternativa eficiente, destinada a agilizar el transporte público a través de carriles y estaciones exclusivas.

Ante todas las críticas y los temores, los equipos técnicos planificaron con todo detalle las obras. Estudiamos y no improvisamos. Escuché con respeto todas las opiniones adversas. Era consciente de que debíamos minimizar el perjuicio para los vecinos y por eso decidí acotar el tiempo de la obra a aquellos ciento ochenta días. Tenía una certeza: ser capaces de hacer el Metrobús de la 9 de Julio en tiempo y forma era una manera de demostrar, a la sociedad y a nosotros mismos, que estábamos en condiciones de cambiar el país.

El proyecto del Metrobús es un ejemplo preciso de mi idea del poder como herramienta para el cambio. Utilicé mi poder para inclinar la balanza hacia el lado del hacer. Hacia nuestro *para qué*. Apoyé decididamente el compromiso y el entusiasmo de Guillo y su equipo. Sabía que la única manera en la que iban a poder resolver el desafío era contando con todo mi respaldo. Lo lograron y cambiaron para siempre el modo de transportarnos por el centro de la ciudad.

Lo que no imaginábamos en aquel momento era que en muy poco tiempo el Metrobús de la 9 de Julio se transformaría en un símbolo de todo lo que hicimos en la Ciudad de Buenos Aires. No fue ni la primera ni la última transformación que emprendí. Pero fue la que más impacto tuvo sobre el significado real del cambio. Pocas cosas dejaron tan en claro dónde estaba nuestro *para qué*: el Metrobús tiene enormes ventajas económicas, en materia de reducción de la contaminación, de mejora urbana. Pero hay una mejora que está por encima de todas las demás: los tiempos. El Metrobús redujo el tiempo de los viajes sobre la avenida 9 de Julio en un cuarenta por ciento. Eso para los viajeros frecuentes redunda en varias horas menos por mes arriba del colectivo. De acuerdo a las estimaciones más serias, el Metrobús hizo posible que los porteños que viajan desde el Bajo hasta Constitución recuperen siete días al año.

Con el tiempo, el sistema se hizo presente en numerosos barrios de Buenos Aires, del área metropolitana y en distintas ciudades del país. Pero la obra del segundo Metrobús, el de la 9 de Julio, tuvo algo especial. Fue una apuesta de riesgo como pocas. Entre sus impulsores estuvo Daniel Chain, a quien conocí cuando ambos éramos muy jóvenes. Daniel fue el primer ganador de la Beca Socma, esa gran iniciativa que creó mi padre, destinada a captar a los mejores profesionales jóvenes recién graduados de las universidades. Desde el inicio del trabajo en Creer y Crecer, Daniel coordinó los proyectos de transformación de la Ciudad junto a un equipo multidisciplinario. Una vez que ganamos, fue el responsable de convertir aquellas innumerables presentaciones de ideas en realidades palpables por los vecinos.

Tuvo a su cargo enormes transformaciones. Se cargó al hombro el desafío de la puesta en valor del Teatro Colón y llevó adelante reformas históricas en los barrios, en particular en la zona sur de la Ciudad. Diseñó y ejecutó un proyecto de vanguardia como la peatonalización del Microcentro, que cambió para siempre una zona prácticamente inhabitable, con sus veredas angostas y sus calles atestadas de autos y colectivos, en una obra adelantada a su tiempo, que puso en valor una zona clave de la Ciudad.

Conté con otro hacedor en el equipo. Recuerdo que dos años después del comienzo de la gestión en la Ciudad, Esteban Bullrich me dijo que quería que me reuniera con uno de los jóvenes que se había acercado al G25, un grupo que habíamos creado para convocar a la gestión pública a profesionales provenientes del sector privado. *"Guillermo Dietrich"*, me dijo Esteban cuando le pregunté de quién se trataba. Su nombre me sonaba conocido de la época en la que trabajé en la industria automotriz. *"Es un tipo extraordinario y tiene muchas ganas de sumarse."* Así llegó Guillo al Gobierno de la Ciudad, con apenas cuarenta años.

No recuerdo cómo fue que elegimos la cuestión de los transportes para él. Se trataba de un área en la que no tenía experiencia más allá de su trabajo en la concesionaria de automóviles de su familia. Lo que sé es que tenía una fuerza especial. Unas ganas fuera de lo común de hacer cosas nuevas. De inmediato me di cuenta de que su audacia y osadía aportarían mucho a nuestro proyecto. No me equivoqué. Guillo tomó a su cargo algunos proyectos emblemáticos, como fueron el Metrobús y el sistema de bicicletas y ciclovías de la Ciudad, entre otros.

En el medio de este proceso, surgió un problema. Los estilos de Daniel y Guillo no podían ser más diferentes. El primero traía una sólida formación y experiencia académica. Por su parte, Guillo era puro entusiasmo. Ambos trabajaban muy bien, pero les costaba entenderse. Para mí, fue otro desafío de liderazgo. ¿Cómo hacer para obtener lo mejor de ambos y no perder a ninguno? Sabía que los dos tenían mucho para dar pese a sus diferencias. Después de pensarlo bastante llegué a la conclusión de que debía cambiar el reporte de Guillo, quien pasó a depender de la jefatura de Gabinete y ya no a Chain. La solución funcionó: desde el primer momento Guillo se entendió con Horacio a la perfección. Es muy importante que las organizaciones sean lo suficientemente flexibles para poder adaptarse a las diferentes características y modalidades de trabajo de quienes las integran. La idea de separarlos funcionó como un amortiguador de las diferencias entre Guillo y Daniel, y ambos pudieron desempeñarse con mayor comodidad a partir de entonces. Las tensiones internas pueden causar enormes daños. Evitarlas es otra de las tareas de quien ejerce el liderazgo.

Pocas cosas resultaban más irritantes para los porteños que ver reducido el espacio para la circulación de sus automóviles. Llegó un momento en el que parecía que Guillo estaba endemoniado abriendo ciclovías en todos los barrios, en particular en el centro. Una de las que más resistencia generaba era la de la calle Montevideo. Guillo presionaba para mantenerla y otros pedían a gritos que la elimináramos. Guillo se mantenía inflexible y tomó una decisión inteligente. Me propuso recorrer la zona juntos en bicicleta. Recuerdo que hablábamos a los gritos desde una bici a la otra.

Habíamos comenzado el programa a finales de 2007. Nos faltaba aún para alcanzar los cien primeros kilómetros de ciclovías, pero ya comenzaba a verse una cantidad significativa de ciclistas circulando por la ciudad. El principal argumento que planteaba Guillo era que si cedíamos en una bicisenda, pronto íbamos a terminar cediendo en otras y el plan se iba a terminar deshilvanando hasta volverse irrelevante.

El concepto de una ciudad sustentable fue central. Aprendí mucho en el proceso de transformación al ver cómo el cambio en los residuos, las nuevas áreas peatonales, los cambios en la circulación, el Metrobús, todo estaba emparentado, también con las bicicletas.

Tras pedalear juntos de punta a punta la ciclovía tan discutida tomé la decisión de confiar en Guillo. La confianza siempre genera compromiso. El enorme cambio cultural que estábamos impulsando se definía, paradójicamente, en ese problema. O ganaban los automovilistas que estacionaban en doble fila o sobre la ciclovía, o ganaban los ciclistas y el cambio.

Me pregunto a la distancia qué habría sucedido si me hubiera plegado al coro de los que desconfiaban de las obras y hubiese rechazado su punto de vista. Probablemente, Guillo hubiese abandonado la función pública. Y con él habríamos perdido al impulsor de la revolución de los aviones, de los trenes, de las rutas y las autopistas y de tantas transformaciones que emprendimos junto a partir de 2015 y desde el ministerio de Transporte de la Nación. Para cosas como estas es que sirve el poder. Las bicicletas se impusieron y hoy la Ciudad es líder y pionera en la transformación de la movilidad.

Sé que a veces las obras de infraestructura se ven como algo frío y lejano. Pero para aquellos que sentimos verdadera pasión por hacer, las obras son algo vivo. Creo que heredé esto de mi padre. Existen obras que no se ven pero que cambian la vida de miles y miles de vecinos.

Desde décadas atrás las inundaciones en distintas zonas de la ciudad formaban parte del paisaje habitual. Quienes las han vivido saben muy bien de qué se trata. En apenas minutos, los departamentos en planta baja, los locales con su mercadería, las casas, los sótanos, los garajes en los subsuelos, todo se llenaba de agua. Los móviles de televisión y las radios contaban los dramas de familias y comerciantes repetidos, sin solución de continuidad, varias veces al año.

En 2008 tuve que enfrentar mis primeras inundaciones como jefe de Gobierno. Quise ser todo lo realista posible y dije: *"Vean, vamos a hacer una obra en el arroyo Maldonado. Va a ser una obra muy importante, la más importante que se haya construido desde que se entubó el arroyo hace setenta años. Con la próxima tormenta se va a volver a inundar. El año que viene se va a volver a inundar. Dentro de dos años se va a inundar. Dentro de tres también. Pero cuando terminemos, no se va a inundar más".*

Desde la política me criticaron duramente. A quién se le ocurre anunciar que un problema va a seguir existiendo. *"¡Mauricio, no digas que se va a seguir inundando!"*, cuestionaban enojados. Para el sistema, un político debe mentir, negar la realidad, prometer algo que sabe que no va a cumplir. Eso no va más.

La política tradicional tiende a pensar que las obras de infraestructura hídrica no traen votos, que no se las ve y que, para colmo, llevan mucho tiempo. Es la visión de corto plazo del poder. De acuerdo con esta visión, tan instalada en el populismo, la regla es que no deben iniciarse obras de infraestructura que puedan inaugurarse en otro mandato, por otro jefe de Gobierno o presidente. He visto al Gobierno nacional que me sucedió inaugurar numerosas obras sin siquiera mencionar que habían comenzado durante nuestra gestión. De la misma manera, los vi dar marcha atrás con obras importantísimas como el gasoducto que debía transportar el gas extraído en Vaca Muerta. Este egoísmo de buena parte de la clase política me resulta incomprensible.

En agosto de 2019 recordé esta historia. Habíamos peleado y trabajado mucho para poder hacer las obras del Vega, del Maldonado y tantas más. Por eso, olvidándome que estaba en un cierre de campaña, me solté y grité a los cuatro vientos. *"¡No se inunda más, carajo!"*. En ese momento, sentí que tenía enfrente a todos aquellos políticos que no entendían y siguen sin entender el *para qué* del poder. Nuestro *para qué* sigue siendo el mismo: la transformación, el cambio, pase lo que pase y le moleste a quien le moleste.

18

El poder de los símbolos

No sé a ciencia cierta cuántas veces hice el trayecto entre Tandil, mi ciudad natal, y Mar del Plata. Desde muy chico fui y volví en innumerables ocasiones. Cada vez que hago ese viaje cumplo con el mismo ritual: parar al costado de la ruta a comprar un postre Balcarce. Quienes me conocen saben de mi debilidad por los dulces. Y el Balcarce, con su combinación de bizcochuelo, crema chantilly, *marron glacé*, nueces, dulce de leche y merengue, es una de las cosas más ricas que conozco. Me encanta desde que era un niño.

Siendo ya jefe de Gobierno de la Ciudad, una tarde paré en la sencilla tienda del camino para llevar un postre, como tantas otras veces, y me puse a conversar con sus dueños, un matrimonio que estaba allí desde hacía años. La señora me dijo: *"Qué bueno, Mauricio, cómo quedó el Colón… ¡Lo dejaron como nuevo!"*. Y su marido agregó: *"Yo nunca fui al Colón, pero es impresionante lo lindo que está"*. Guardé el postre, les agradecí sus comentarios y me fui pensando en el poder que tienen los símbolos, mientras recorría esos kilómetros que conozco de memoria, entre esas dos ciudades de la provincia de Buenos Aires tan ligadas a mi infancia.

Me pregunté por qué aquellas dos personas que tenían su negocio al costado de la ruta me habían hablado del Teatro Colón. ¿Qué era lo que representaba para ellos? ¿Por qué de todas las cosas que estábamos haciendo en ese momento habían elegido la obra de un teatro en el que nunca habían estado?

Repasando la conversación descubrí que el Colón no era para ellos un simple teatro. Era un símbolo. Como para tantos porteños y tantos argentinos, el abandono del Teatro Colón había representado la destrucción de nuestra autoestima como sociedad. Su recuperación, aunque solo la hubieran conocido a través de imágenes en los medios, era otro símbolo. Uno muy potente. Se trataba del orgullo que sentían por haber recuperado uno de los mejores y más bellos teatros del mundo. De alguna manera, haber concluido esa obra había hecho posible sanar una autoestima dañada por años de desidia.

Cuando Daniel Chain me trajo el presupuesto en el que se estimaban trescientos millones de dólares que iba a tener que invertir la Ciudad para poner en valor el Colón, me quedé paralizado. ¿Cuál era el sentido de invertir semejante suma de dinero en un teatro al que asiste un pequeño porcentaje de la población? Pese a tratarse de un verdadero símbolo de la cultura argentina, no hubo ningún aporte del Estado nacional para la obra.

Hernán Lombardi, ministro de Cultura en la Ciudad, intentaba convencerme junto a Chain de la importancia de hacer la obra, que en teoría se había iniciado en la gestión anterior pero que había quedado suspendida en medio del caos e innumerables críticas. Por su parte, muchos abonados al teatro percibían la posibilidad de la puesta en valor del Colón como una amenaza. La obra obligaría a mantenerlo cerrado durante muchos meses. Pero, ¿y si no se terminaba nunca? No era extraño hasta nuestra llegada que en la Ciudad y en el país se iniciaran obras y se suspendieran al cabo de un tiempo, hasta quedar detenidas para siempre.

La cuestión de los símbolos es de una enorme importancia para el liderazgo y el poder. Con el tiempo fui ampliando mi comprensión de este fenómeno que, debo reconocer, era novedoso para mí. A partir de mi profesión de ingeniero y de mis orígenes como constructor, al comienzo creía que todo estaba circunscripto a la inversión en las obras, al cemento, al hormigón. No me daba cuenta de que esa mirada perdía de vista algo esencial. Se trata de la construcción de un relato, de una narrativa.

Los elementos simbólicos pueden ser capaces de construir creencias y confianza en lo que el líder está haciendo. Por supuesto, estas narrativas tienen que sustentarse en hechos concretos. Inicialmente, el kirchnerismo nos sacó bastante ventaja en cuanto a su capacidad para construir un relato. Sin embargo, los relatos populistas siempre terminan prometiendo algo que no van a cumplir. A la hora de confrontarse con la realidad, ese relato queda trunco de manera inexorable.

La ausencia de este tipo de componentes simbólicos nunca es buena. Años después de la obra del Teatro Colón, cuando logramos acceder al Gobierno nacional, habíamos mejorado mucho en este terreno. Es posible que el esfuerzo haya resultado insuficiente. De buena fe me han señalado en varias ocasiones que nuestro relato parecía, paradójicamente, prescindir del relato. Creo que no fue así, pero entiendo que los argentinos que creemos en la libertad, la República y el progreso necesitamos reforzar nuestro relato más que nunca. Se trata ni más ni menos de poder contar nuestro *para qué*, el *para qué* de lo que hacemos, el *para qué* de nuestra voluntad de ser Gobierno.

He escrito ya que el liderazgo y el poder surgen a partir de una visión compartida del futuro. Y aprendí que la transformación de la realidad requiere incorporar estos elementos simbólicos. Fue esta la razón por la que, finalmente, decidí ir hacia adelante con la maravillosa recuperación de nuestro Teatro Colón. El trabajo de Hernán Lombardi fue decisivo en la incorporación de esta dimensión simbólica de lo cultural. Hernán es de esas personas que pueden parecer algo caóticas, aunque al mismo tiempo es capaz de resolver de manera práctica muchos problemas de manera simultánea. Al principio me costaba entenderlo. Con el tiempo, su trabajo sentó las bases de una verdadera revolución.

Cuando se trata de símbolos, la medición de una inversión en dinero resulta a veces insuficiente para entender lo que está en juego. Quedó demostrado que el valor del Teatro Colón está mucho más allá de sus aspectos materiales. Se trata de una parte de nuestra identidad, como en otra escala lo fue la reforma del estadio de Boca al inicio de mi gestión en el club. Aún recuerdo mi primera recorrida junto al ingeniero Seminario, quien estuvo al frente de la dirección de los trabajos de recuperación del Colón. Sentí una enorme angustia y los ojos se me llenaron de lágrimas al ver el deterioro de su infraestructura y escuchar el silencio de la obra parada. Era una metáfora dolorosa del estado de nuestra identidad.

Existe otro aspecto en el que las obras y el poder de los símbolos se encuentran. Es el que tiene que ver con el cumplimiento de la palabra empeñada. Nos habíamos propuesto reabrir el teatro con todo su esplendor en 2010, como parte del aporte de la Ciudad a las celebraciones del Bicentenario de la Revolución de Mayo. Fue un desafío que implicó una enorme exigencia para todos los involucrados.

Desde que era niño notaba la satisfacción de mi padre cuando concluía cada una de sus obras como constructor. No hay muchas emociones comparables a la que se siente al decir *"ya está, misión cumplida"* y hacer la entrega de la obra terminada a sus dueños. En el Colón, también cumplimos con el compromiso asumido en tiempo y forma.

Cuando se abrieron las puertas de la sala, el mítico teatro había vuelto a brillar en todo su esplendor. Sentí que les estábamos devolviendo a los porteños el orgullo de volver a contar con uno de los teatros más importantes del mundo en su propia ciudad. Fue un hito de nuestra primera gestión. No fue el único en el plano de la cultura. Rehicimos por completo el Parque Centenario y su maravilloso anfiteatro, pusimos en valor el Teatro 25 de Mayo, el Teatro San Martín y, sobre todo, uno de mis lugares favoritos de la Ciudad, la Usina del Arte, en el barrio de La Boca.

En la Ciudad dimos muchas batallas que tuvieron a la vez componentes simbólicos y concretos muy fuertes. La lucha contra la inseguridad fue una de ellas. Desde el inicio de nuestra gestión el kirchnerismo decidió debilitarnos a cualquier precio. Una de las iniciativas más irresponsables que tomó el Gobierno nacional fue la de retirar a la Policía Federal de la Ciudad. Aunque parezca mentira, así sucedió.

A veces los ataques nos ofrecen una oportunidad. Gracias a la decisión que habían tomado en la Casa Rosada pudimos, junto a Guillermo Montenegro, ministro de Seguridad, hacer algo completamente nuevo. Fue algo inédito en la materia. Con Guillermo y su equipo creamos, desarrollamos y pusimos en funcionamiento la Policía Metropolitana.

Esta vez no se trataba de reformar, ampliar o de poner en valor, sino de construir algo desde cero. Aprovechamos las experiencias de muchas ciudades que contaban con fuerzas policiales comunitarias. Con la llegada al mando de la fuerza de Eugenio Burzaco comenzamos a contar con un cuerpo policial bajo los más altos estándares internacionales.

Contra lo que el kirchnerismo imaginaba —y también contra lo que muchos políticos esperaban—, la Metropolitana marcó una diferencia enorme en materia de reclutamiento, capacitación, entrenamiento, remuneración y beneficios para sus integrantes. Pero lo que es aún más importante, los porteños detectaron, a medida que la Metropolitana iba instalándose en los distintos barrios, que la lucha contra la inseguridad podía ganarse.

Muy pocas veces uno tiene la oportunidad de construir una institución desde sus cimientos. El Estado tiende a ser una suma de parches y remiendos sobre estructuras existentes. La creación de la Metropolitana nos permitió tener la fuerza policial que los porteños se merecían. Años después, daría paso a la creación de la Policía de la Ciudad, tomando las mejores prácticas que comenzaron en la policía que habíamos creado.

Si la Metropolitana fue un símbolo claro de que no somos lo mismo que el populismo, la incorporación de la Agenda Verde a la Ciudad fue otro cambio simbólico que modificó la relación entre los vecinos y su ciudad. Aquí también fui cambiando mi perspectiva a lo largo de la gestión. En la cuestión ambiental, comencé con una visión muy focalizada en la gestión de los residuos. Probablemente, a causa de haber visto el trabajo que había hecho mi padre con Manliba, treinta años antes.

En las metrópolis importantes del mundo, como lo es Buenos Aires, la cuestión ambiental es extremadamente compleja. No es casualidad que hayamos atravesado tres gestiones diferentes, con Juan Pablo Piccardo, Diego Santilli y Edgardo Cenzón. Con el tiempo fui llegando a la conclusión de que había que pasar de estar focalizados en el problema de la basura para avanzar en un concepto nuevo: la sustentabilidad y la agenda verde.

La necesidad de una política ambiental moderna para la Ciudad me llevó a acercarme al C40 Cities, el grupo de liderazgo que integramos como parte de una extensa red internacional de alcaldes de ciudades. Las experiencias de otras ciudades fue fundamental para convertir a la Ciudad en líder en este y otros temas.

Me he encontrado en numerosas ocasiones a lo largo de mi camino con una tentación característica del sistema político argentino. Una voluntad por ser originales y únicos en el mundo e inventar soluciones para problemas que otros ya habían enfrentado y resuelto. Cuando me propuse convertir a Boca en un club de primer nivel internacional, lo que hice fue mirar al mundo. Ver qué habían hecho otros, cómo lo habían hecho, qué dificultades habían tenido que enfrentar y cómo las habían superado.

En cuestiones como la sustentabilidad de las grandes ciudades teníamos mucho que aprender, para luego compartir y después liderar la transformación. Es un concepto que tengo desde que comencé a trabajar. Las ciudades y los países enfrentan problemáticas similares. Reconocer la experiencia de otros y adecuarla a nuestra realidad es un camino virtuoso para el cambio.

Contar un cambio exitoso como la política ambiental desde el presente es fácil. Pero una transformación conceptual de la profundidad de la que llevamos adelante en Buenos Aires llevó su tiempo. No se trató solo de gestionar políticas desde el Gobierno. Fue algo mucho más grande. Emprendimos un verdadero cambio cultural que fue desde la incorporación de la idea del reciclaje hasta cambios radicales en los sistemas de recolección de residuos, pasando por la incorporación de la educación ambiental en las escuelas. El resultado fue enormemente positivo. La política de Ciudad Verde nos permitió ubicar a Buenos Aires a la vanguardia de lo que estaban haciendo en materia ambiental las principales ciudades del mundo.

En verdad, casi ninguno de los cambios profundos que hicimos en la Ciudad fue pacífico. A veces la memoria nos pone trampas en el camino. Yo mismo me olvido a menudo de las enormes resistencias que tuvimos que enfrentar frente a las transformaciones. Nada se hizo sin desafiar el ataque constante de los defensores del *statu quo*.

El poder nunca se ejerce en el vacío. Por el contrario, debe hacer frente a aquellos que no quieren y a quienes no les conviene el cambio. Desde el primer día hubo muchos, decididos a boicotear y sabotear nuestros proyectos mediante todo tipo de recursos. Pese a las broncas que me generaban, tuvieron un único efecto positivo. Nos ayudaron a endurecer la piel. Nuestro *para qué* salió fortalecido.

19

Saber y saber comunicar

La relación entre empatía y capacidad técnica es uno de los desafíos fundamentales para cualquier persona que desee participar en política. Ninguna de las dos condiciones es suficiente para liderar un cambio. Ninguna alcanza por sí misma. No existen políticos eficaces que estén en condiciones de sostenerse solo por su empatía o por su capacidad comunicacional. Tampoco suelen dar buenos resultados los técnicos extraordinarios que no pueden explicar o persuadir a sus audiencias al defender su gestión. El buen político debe reunir ambas características. Algunos logran dominar los dos hemisferios y transmitir razones y emociones por igual. Son pocos, pero suelen ser los mejores.

Esteban Bullrich es una de esas personas. Esteban ha adquirido una dimensión mayúscula, en buena medida a partir de la conmoción que produjo en todos nosotros su enfermedad y su enorme coraje para enfrentarla. Pero este Esteban Bullrich al que hoy todos admiran es la misma persona que yo conocí hace muchos años. Por entonces comenzaba su trayectoria política en Recrear, junto a Ricardo López Murphy, a partir de lo cual accedió a una banca como diputado en 2005. En las presidenciales de 2007 Esteban acompañó a Ricardo como candidato a vicepresidente. Poco tiempo después, tras algunas diferencias sobre la conducción del partido, comenzó a trabajar con nosotros en el PRO.

Desde aquellos primeros encuentros supe que estaba ante un hombre íntegro, ético y con una profunda vocación de servicio. Juntos dimos batallas durísimas que quiero rescatar del olvido. Durante su gestión al frente del ministerio de Educación de la Ciudad y luego en la Nación llevamos a cabo una verdadera revolución en las escuelas. No solo hicimos un sinnúmero de obras de infraestructura. Creamos el Plan Sarmiento, que consistió en la entrega de computadoras a docentes y alumnos; le dimos a los padres la posibilidad de denunciar los intentos de adoctrinamiento en las aulas; incorporamos la enseñanza del idioma inglés desde el primer grado; establecimos la inscripción a través de Internet; y peleamos muy duro hasta lograr evaluar los resultados de la enseñanza de manera rigurosa y periódica, algo que después llevamos a la Nación a través de las pruebas Aprender.

Esteban trabajó siempre de manera transparente y abierta, diciendo lo que pensaba y poniendo todo de sí en el cumplimiento de una tarea central en la administración. No solo generó una transformación acorde a las expectativas que la mayoría de las familias porteñas había colocado en nosotros, sino que además estableció una manera de comunicar totalmente alineada con el cambio. Su número de teléfono personal estaba a disposición de todo el mundo. Las resistencias que generaron las transformaciones en la educación fueron tremendas en los sectores que comenzaban a perder sus privilegios.

Fue lo que ocurrió cuando emprendimos la reforma de las juntas de calificación que tenían a su cargo el tratamiento de los ascensos de los docentes. Hasta entonces habían estado controladas de manera discrecional por los sindicatos del sector. Las manifestaciones en contra de los cambios derivaron en actos de violencia extrema que llegaron al intento de incendiar las puertas del Palacio Legislativo. Pese a todo, Esteban no bajó los brazos. Al contrario, ante cada obstáculo siguió avanzando, siempre.

Mi padre siempre armó sus equipos poniendo la diversidad por encima de cualquier otra cosa. En un equipo de trabajo, todos tienen que estar alineados en torno a los mismos objetivos. Pero no tienen por qué ser todos iguales ni pensar lo mismo sobre los mismos temas. La diversidad requiere más esfuerzo por parte del líder, pero a la vez enriquece los procesos de toma de decisiones al incorporar múltiples puntos de vista. Esa fue la razón por la que en mi gabinete inicial en la Ciudad había convocado a Mariano Narodowski, un académico prestigioso cuyos orígenes estaban en la izquierda, para el ministerio de Educación.

Mi *para qué* siempre intentó ir más allá de la antigua y obsoleta dicotomía entre izquierda y derecha. Me interesa más delimitar otros ejes que tienen que ver con las transformaciones que me obsesionan, como lo antiguo versus lo moderno, las conductas republicanas y democráticas frente a las autoritarias, lo eficiente contra lo ineficiente y, sobre todo, la idea de libertad opuesta al populismo en cualquiera de sus manifestaciones. Pienso que los argentinos nos hemos intoxicado demasiado con la ideología, que muchas veces no es más que una gran fábrica de prejuicios.

Tras la salida de Narodowski convoqué al reconocido escritor Abel Posse para el cargo. Posse tenía un punto de vista muy duro sobre las extorsiones de parte de los sindicatos docentes en sus negociaciones salariales. Había llegado a afirmar que los paros convertían en verdaderos rehenes a los alumnos y que el resultado era *como si les pusieran un revólver en la cabeza*. Tenía razón en muchas de sus afirmaciones e inmediatamente después de su designación, el mundo políticamente correcto de la Ciudad levantó la guardia. En un principio, Posse se mantuvo firme, pero al cabo de unos días presentó su renuncia al cargo. En este caso se verificó aquello de la competencia comunicacional que mencionaba más arriba. Para ingresar en esa suerte de coliseo romano que es la comunicación política, hace falta endurecer mucho la piel, tolerar críticas a veces extremas e infundadas. Para algunos es más fácil que para otros. Para Posse, fue imposible, y finalmente Esteban ocupó su lugar.

"¡Hacelo ya mismo!", le dije en 2004 a una aún muy tímida María Eugenia Vidal de apenas treinta años. La había conocido hacía poco tiempo por su trabajo en Sophia. María Eugenia me había deslumbrado con su conocimiento y su sensibilidad para los temas sociales. Ese día me contó su idea de llevar adelante en Boca un plan destinado a hacer que 2500 chicos pudieran participar de las actividades deportivas del club y, al mismo tiempo, recibir apoyo escolar. Así nació la Fundación Boca Social, una acción pionera llevada a cabo por el club y que se mantiene hasta el presente.

Por entonces, María Eugenia se veía a sí misma como una técnica en temas sociales y expresaba a quien quisiera escucharla un profundo rechazo a involucrarse en la política partidaria. Pero yo la escuchaba hablar y una y otra vez lograba convencerme de cómo debíamos enfrentar el desafío de una política social moderna en el territorio de la Ciudad. Es una persona distinta, otro caso excepcional que reúne un enorme conocimiento técnico con una capacidad comunicacional a toda prueba. Desde el primer día intuí que tenía un futuro enorme en la política si se decidía a dar el salto. Y finalmente lo hizo.

En 2007 María Eugenia fue elegida como legisladora por la Ciudad. Unos meses después, mientras armaba mi primer equipo de colaboradores, la llamé. Estaba seguro de que se trataba de la persona indicada para ocupar el ministerio de Desarrollo Social. *"Gracias, Mauricio"*, me respondió. *"Pero hay un problema, no voy a poder asumir el cargo."* Intrigado, le pregunté por qué, y me dijo: *"¡Es que estoy embarazada!"*. Para su sorpresa, le dije que no había ningún problema y que su cargo estaría disponible cuando concluyera su licencia.

María Eugenia aún recuerda aquel episodio. Por mi parte, nunca me consideré un especialista en cuestiones de género, pero siempre tuve claro que las mujeres deben estar en un plano de igualdad con los hombres en la vida, en las empresas, en la política y donde sea. El embarazo es una de las experiencias más importantes y trascendentes que puede atravesar una mujer. ¿Cómo puede ser que aún hoy sea considerado una limitación para el desarrollo profesional? La esperé tras un interregno de unos meses a cargo de Esteban Bullrich, y a fines de mayo de 2008 María Eugenia fue designada al frente del ministerio.

Allí fue capaz de eliminar la intermediación de las organizaciones piqueteras al comenzar a distribuir tickets canasta en lugar de las bolsas de comida que entregaban los punteros a cambio del sometimiento a sus estructuras políticas. Años después la vi hacer cosas parecidas gracias a su enorme coraje cuando le tocó ser gobernadora de la provincia de Buenos Aires.

Ni bien habíamos asumido el Gobierno, Esteban tuvo que desarmar el desastre que había significado el plan de construcción de viviendas populares que el kirchnerismo y Aníbal Ibarra habían confiado a las Madres de Plaza de Mayo y a su oscuro representante, Sergio Schoklender, a través de aquel engendro que se llamó Sueños compartidos.

Fue tal la locura desatada por nuestra decisión, que las Madres de Plaza de Mayo tomaron la Catedral de Buenos Aires y llegaron al extremo de hacer sus necesidades en el altar. Fue otro de los delirios a los que llegó la guerra que el kirchnerismo mantuvo con el Gobierno de la Ciudad. María Eugenia debió dar de baja esa estafa escandalosa y enfrentar una enorme presión en su contra. Sueños compartidos llevaba cobrado el 75 % de la obra sin haber construido siquiera el 20 % de lo comprometido. El jefe de Gabinete del Gobierno nacional era Alberto Fernández. Aún recuerdo su voz buscando presionarme para que liberara los pagos pendientes. Como se imaginarán, me negué una y otra vez a convalidar ese disparate.

Con María Eugenia creamos los Centros de Primera Infancia con la misma convicción que mantengo hasta hoy de que el desarrollo humano comienza en el embarazo y que todo lo que se haga en los primeros años va a tener un impacto determinante en la formación y las capacidades de las personas. Aún resuenan en mi memoria las críticas que recibíamos desde el supuesto progresismo, que nos acusaba de *"privatizar"* las políticas sociales al trabajar con líderes de la comunidad. Una vez más, lo que hicimos fue todo lo contrario.

Durante mucho tiempo mantuve conversaciones con distintas organizaciones no gubernamentales. Mi objetivo era y sigue siendo que las organizaciones de la sociedad civil se involucraran en política, y desde el Gobierno pudimos sumar la enorme capacidad de gestión con la que cuentan. Lo logramos a través de una gran cantidad de líderes barriales, responsables de comedores populares. Nuestra política consistió en ampliar sus proyectos a través del apoyo del Estado mediante infraestructura para aulas, equipamiento, docentes, asistentes sociales y todo lo necesario para los Centros de Primera Infancia pudieran funcionar garantizando una necesaria autonomía de gestión. El compromiso de tiempo completo de las personas, mayoritariamente mujeres, todas líderes dentro de sus comunidades, hacía que el impacto fuera mayor que el que habría tenido el propio Estado en la ejecución de esa tarea.

Tras acompañarme en la fórmula como vicejefa de Gobierno para las elecciones de 2011, María Eugenia eligió a su sucesora, Carolina Stanley, con quien había trabajado en Desarrollo Social entre 2007 y 2009 y tenía responsabilidad en el vínculo con organizaciones de la sociedad civil. Carolina continuó profundizando las políticas que había implementado María Eugenia en un área delicada, en la que logramos dejar atrás décadas de paternalismo y clientelismo.

Desde hace tiempo que sostengo que la política social solo tiene sentido en función de su impacto real. Es una inversión que toda la sociedad lleva adelante con el objetivo de generar la mayor equidad posible en el punto de partida. No puede transformarse en un subsidio eterno ni debe contribuir a la destrucción de la cultura del trabajo. Debe ser una ayuda que contribuya a dotar de herramientas con un objetivo claro: la reinserción en el mercado laboral del sector privado. Si esto no se logra, no sirve, y se convierte en poco más que un parche.

Una buena política social requiere estudios muy rigurosos de asignación de unos recursos que, por definición, siempre serán limitados. De ahí que la prioridad esté en la primera infancia. Todo se juega allí. Cuando logramos que el chico llegue a la escuela bien estimulado y alimentado, la probabilidad de que abandone la escuela se reduce drásticamente.

Las discusiones acerca de la administración del dinero invertido en políticas sociales fueron enormes. Es imposible resolver todas las dificultades a la vez. La intención es correcta pero el resultado es siempre insuficiente. Por eso, la mejor inversión es la que se hace en la prevención desde el comienzo de la vida. En materia de política social pudimos construir un diálogo virtuoso en el que aprendí mucho de María Eugenia y de Carolina, al tiempo que ellas también aprendieron de mí. El liderazgo nunca es unidireccional. El verdadero líder está siempre aprendiendo. El que cree que sabe todo, inexorablemente fracasa.

Una de las tareas que más me entusiasman es la de acompañar el desarrollo y el crecimiento de los integrantes del equipo. Me sucedió con Horacio, con María Eugenia y con innumerables dirigentes jóvenes en todo el país. Cuando detecto que existe un potencial de crecimiento en alguien, intento hacer todo lo que está a mi alcance para que pueda tomar nuevos desafíos. Es otro de mis *para qué*. Siento un verdadero orgullo cuando los veo consolidar su liderazgo. Estoy seguro de que vamos a ser testigos de lo que aún tiene para dar esa nueva camada de líderes, que con aciertos y errores, como todos, van a contribuir al cambio definitivo de la Argentina.

20

La máquina de impedir

A principios de los años ochenta el historiador Emilio Perina publicó un libro titulado *La máquina de impedir*. La frase del título de Perina es un hallazgo y quedó en la historia. Fue usada una y otra vez. La máquina de impedir define no solo a los obstáculos con los que nos encontramos al intentar generar condiciones para el cambio. También es una metáfora clara para esa maraña de trabas que parece trabajar sin descanso para que bajemos los brazos.

Parte de mi trabajo, tanto en la Ciudad como en la Nación estuvo focalizado en luchar contra esa máquina. No se trata de un combate de ideas. Tampoco se trata de diferentes puntos de vista. La máquina de impedir se interpone entre el hacer y el no hacer. Es un componente central de la cultura política argentina desde hace décadas. Es la manifestación del *statu quo*, del no-cambio. Es la inercia que lleva a la inmovilidad.

La máquina de impedir funciona a partir de un mecanismo relativamente sencillo: toda medida, cualquier acción de gobierno, cualquier cambio, debe ser detenido de inmediato. Los cuidadores de la máquina de impedir han aprendido algo y nosotros también. El cambio tiene su propia dinámica. Una transformación pequeña conduce a una más grande. Y esta, a una mayor. Para quienes quieren que nada cambie es imprescindible detener la transformación.

En algunos casos, son sectores de la política que se oponen al cambio por si acaso. No sea cosa que el cambio salga bien y después venga otro cambio, y otro más, y los privilegios de algunos terminen desapareciendo. A veces, los defensores del *statu quo* logran detener el cambio. Por ejemplo, en la Ciudad, mediante la acción de un pequeño número de jueces siempre dispuestos a otorgar medidas cautelares en función de sus simpatías políticas. De esta manera, la máquina cumple su objetivo, que es siempre el mismo: lograr que todo siga igual.

Las víctimas de la máquina de impedir no son los gobernantes. Al menos, nunca son sus principales damnificados. Las verdaderas víctimas de esta maquinaria terminan siendo los ciudadanos, tomados como rehenes y a merced de larguísimos procesos, de manera que el beneficio del cambio termina por no llegarles nunca.

La lista de obras importantes que la máquina de impedir intentó detener durante mi gestión fue infinita. Si la oposición perdía una votación en la Legislatura y la obra se ponía en marcha, rápidamente encontraban una manera de trabarla gracias a la acción de algún juzgado. Lo desesperante es que todos los actores sabían que, más tarde o más temprano, la obra se iba a terminar haciendo. Y más grave aún es que sabían que se trataba de una obra absolutamente necesaria para mejorar la vida de los vecinos.

La máquina de impedir no dejó nunca de funcionar. Como he escrito, para mí el poder es una herramienta de transformación de la realidad. Para ellos, el poder es una herramienta para evitar el cambio. He reflexionado mucho acerca de este funcionamiento autodestructivo del sistema político y sus efectos sobre la sociedad. El funcionamiento de esta máquina buscaba evitar que los ciudadanos pudieran ver con sus propios ojos que era posible transformar la Ciudad como nunca antes se había hecho.

La gente no es tonta y se fue dando cuenta cada vez con mayor fuerza de que el cambio es algo irreversible pese a la acción de la maquinaria. Por eso, durante mi segundo mandato en la Ciudad fuimos capaces de avanzar de un modo más decidido y nos sobrepusimos a cada una de las trabas que nos pusieron. Ya habíamos descubierto los secretos del funcionamiento de la máquina y pudimos desactivarla.

Una anécdota que hoy parece increíble de la vieja costumbre argentina de judicializar me sucedió a comienzos de 2008. Fue algo insólito. Acababa de concluir mi último mandato como presidente de Boca y había pasado muy poco tiempo desde que había asumido la jefatura de Gobierno de la Ciudad. Tenía el foco puesto en mi nuevo desafío; atrás habían quedado todas las despedidas y los doce años en el club. En ese momento, la Inspección General de Justicia anuló los comicios en los que se había elegido a mi sucesor y el tema pasó a la Justicia, que determinó que debía volver a ocupar mi cargo de presidente de Boca durante noventa días, pese a estar desempeñándome como jefe de Gobierno. Un absurdo total.

A finales de 2010 mantuve el enfrentamiento más dramático con la máquina de impedir. Esta vez no tuvo nada de gracioso y partió desde el despacho que ocupaba frente al mío, al otro lado de la Plaza de Mayo, la presidenta Cristina Fernández de Kirchner. A principios de diciembre miles de personas ocuparon el gigantesco predio del Parque Indoamericano, en Villa Soldati. La ocupación había sido organizada por verdaderas mafias que les habían prometido a sus víctimas la posibilidad de comprar lotes en un parque público.

Fueron días y noches de extrema tensión. No me equivoco si afirmo que fueron los más difíciles a lo largo de todo el tiempo que estuve al frente del Gobierno de la Ciudad. Ante la primera denuncia, una jueza hizo lo correcto y rápidamente ordenó a la Policía Federal el desalojo del parque. Sin embargo, antes de concluir su tarea, la Policía recibió la orden de retirarse. Por supuesto, rápidamente el parque volvió a ser ocupado. Fue uno de los hechos más bochornosos que recuerde la historia de la Ciudad. El kirchnerismo en su sed de venganza contra los porteños había decidido abandonarlos a su suerte.

Nunca voy a poder olvidar mi desesperación en aquellas horas. Estaba atrapado por una sensación muy fuerte de impotencia. No entendía, y años después sigo sin entender, la actitud irresponsable y criminal del Gobierno nacional en aquel momento. Pronto comenzaron a producirse combates entre los vecinos del barrio y los usurpadores. Hubo piedras y palos. Rápidamente aparecieron armas de fuego. La situación se había salido de control y yo no podía hacer nada.

No podía creer que la administración central fuera capaz de dejar desamparada a la gente que estaba defendiendo su parque. Como siempre, el kirchnerismo encontró una excusa falsa para no cumplir con sus responsabilidades. Nos acusó de no utilizar a los efectivos de la Policía Metropolitana para el desalojo del parque. Ellos eran plenamente conscientes que por entonces la Metropolitana carecía de la dimensión y el entrenamiento necesarios para las tareas que normalmente llevaba a cabo la Guardia de Infantería de la Policía Federal.

Intenté todos los contactos posibles con el Gobierno nacional para lograr que se hicieran cargo de la pacificación y el desalojo del parque. Llegué a pedirle al secretario general de la Presidencia, Oscar Parrilli, que me comunicase de manera urgente con la presidenta. Jamás tuve respuesta.

Miles de personas habían sido estafadas por un grupo de delincuentes que querían hacer un negocio sobre un parque público. Insistiendo logramos que se abriera una instancia de negociación con la participación del Gobierno nacional, representantes de los ocupantes y el Gobierno de la Ciudad, con el objetivo de asegurar la evacuación del predio.

María Eugenia jugó un rol decisivo a lo largo de todo ese proceso, que incluyó momentos de tensión extrema. Logró imponer su capacidad de persuasión hasta que la situación comenzó a descomprimirse. La tensión que vivimos en aquellos días con sus noches fue algo difícil de soportar. Todos sabíamos que el peligro de un estallido generalizado de violencia estaba a minutos de distancia.

Han pasado muchos años y sigo sin poder perdonar la insensibilidad que demostraron quienes gobernaban el país en aquel tiempo. Estoy convencido de que la ocupación y el desalojo del Parque Indoamericano constituyó un punto de inflexión para todos nosotros. La vieja política en su versión más perversa nos había planteado el mayor de los desafíos que habíamos tenido hasta el momento. Parece una paradoja, pero en ese contexto tremendo, nuestro *para qué* alcanzó su mayoría de edad.

21

A tiempo

A medida que se iba acercando el final de mi primer mandato como jefe de Gobierno comencé a pensar que llegaba el momento de intentar el siguiente salto: presentarme como candidato a la Presidencia de la Nación en las elecciones de 2011. Era un salto audaz. Nuestro trabajo en la Ciudad aún estaba en proceso de consolidación y quedaba mucho por hacer.

Soy una persona ansiosa, lo sé. Y creía que estaban dadas las condiciones para llevar nuestra propuesta de cambio a todo el país. Quería darle a los argentinos la posibilidad de elegir una alternativa al proyecto populista que estaba concluyendo su segundo mandato. Habíamos tenido cuatro años de Néstor Kirchner y cuatro más de Cristina Fernández de Kirchner.

En el poder, la administración de los tiempos es un enorme desafío para cualquier político con vocación de liderazgo. ¿Cuándo se está listo para el próximo reto? La historia de nuestra joven democracia ha visto a muchos personajes lanzarse a la carrera antes de que llegara su momento, para luego perder su capital político y quedar al costado del camino. Nunca faltan los que endulzan el oído de los líderes diciéndoles que ya están para dar el paso siguiente. Siempre hice todo lo posible por evitarlos.

Ya se lo había dicho al presidente Duhalde años antes. Quería llegar por causalidad y no por casualidad. Mi trabajo fue siempre construir mi camino sobre bases sólidas. Equivocado o no, pensaba que 2011 podía ser mi oportunidad de aglutinar en torno a nuestro proyecto a quienes veían que el kirchnerismo estaba conduciendo el país al desastre.

La reunión fue en el departamento de Jaime Durán Barba en la avenida Alvear. Estábamos en mayo de 2011 y toda la prensa daba por hecho que sería candidato a presidente. Unos pocos creían que tenía chances y me alentaban. Otros, la mayoría, me decían que era imposible atravesar el duro bloque de votantes con que contaba la presidenta por entonces, sumado a la empatía que había provocado en algunos sectores de la población el inesperado fallecimiento de su marido.

El cronograma electoral se venía encima y llegaba el momento de tomar la decisión. ¿Presentarme? Mi ansiedad me decía que sí. Había aprendido mucho sobre el poder y sus dificultades en los primeros años del Gobierno de la Ciudad. Creía que estaba en condiciones de dar la pelea. ¿No presentarme e ir por la reelección en la Ciudad? Era ir a lo seguro, algo que me generaba algunos reparos. Decidí, allí reunidos en el living del departamento de Jaime, escuchar todos los argumentos de la mesa chica.

La mayoría coincidía con el consultor ecuatoriano. Las chances de obtener la victoria existían, pero eran muy escasas. Y había algo aún peor. La posibilidad de no ir por la reelección en Buenos Aires pondría en peligro la continuidad de nuestro proyecto en el único distrito del país en el que éramos Gobierno. Para los presentes, era el mejor candidato que tenía el PRO en la Ciudad, pero no era necesariamente un buen candidato para derrotar a la presidenta, cuya voluntad de presentarse para un nuevo mandato se dejaba ver cada vez con mayor claridad.

Existen situaciones en las que se plantean este tipo de dilemas. En ellas, un paso adelante puede significar varios pasos atrás. Después de escuchar a cada uno de los integrantes de la mesa chica llegó mi turno de hablar. *"Escuché con atención todos los argumentos. No podemos saber hoy cuál será el resultado de las elecciones si soy candidato. No lo sabremos nunca. Pero les creo. No me perdonaría tirar abajo todo nuestro proyecto a cambio de hacer la prueba. Les doy la derecha. No voy a ser candidato."* Muchos respiraron aliviados.

Era un desafío que, de alguna manera y en diferente escala, ya había atravesado en Boca. Lo importante no era yo. Debía dejar de lado cualquier narcisismo. No se trataba solo de mi proyecto. Como entonces y como ahora, se trata de un *para qué* mucho más grande que yo mismo y que mi propio liderazgo. No estaba allí para hacer lo que yo quería, sino para hacer lo mejor para cambiar la Argentina.

Haber escuchado y desistir de la candidatura a la presidencia en 2011 dio sus frutos. Mi segundo mandato en la Ciudad fue mucho mejor que el primero, al igual que lo que me había sucedido en Boca. Los cuatro años que teníamos por delante nos dieron la oportunidad de ir a fondo con nuestros proyectos y neutralizar la acción de la máquina de impedir. Todo el equipo había madurado. Juntos habíamos aprendido a conocer los infinitos vericuetos de la administración, eso que algunos llaman *"la botonera"*, los resortes que hay que activar para que las cosas se hagan.

Existen enormes diferencias entre los tiempos del mundo empresario y los del Gobierno. Descubrí esas diferencias a la fuerza, no tuve alternativa. En una empresa es posible tener un alto grado de control sobre la variable temporal. Allí la toma de decisiones y la velocidad de ejecución depende de quienes conducen y de la capacidad de las personas que componen su *management*. Pero en la administración pública las limitaciones son mucho mayores. Pese a todo lo que hicimos en la Ciudad y en la Nación aún es necesario lograr que la velocidad de los cambios sea mayor. Conseguimos hacer una política pública a partir de esta necesidad a través del ministerio de Modernización.

Las curvas de aprendizaje son insoslayables. Esto puede generar cierto nivel de frustración en los equipos con los que trabajé tanto en la Ciudad como en la Nación. Mover al Estado es más lento y más trabajoso que mover una empresa. Pero con paciencia y sin bajar los brazos es posible. Y la satisfacción es aún mayor. Es fundamental que gente del sector privado se acerque a aportar su experiencia para acelerar el cambio del Estado como me ocurrió a mí mismo y a tantos otros. Si no lo hacemos, seguirán los mismos de siempre.

No solo se trata de tiempo. A la cantidad y la dimensión de los conflictos que se abordan simultáneamente se suma la transformación cultural que significa incorporar nuevos sistemas y métodos de trabajo en equipos que son mucho más diversos que los que componen una empresa, que tienden a ser más homogéneos.

A lo largo de mis dos mandatos en la Ciudad me acompañaron tres enormes profesionales que provenían del sector privado. Ellos fueron Francisco Cabrera, responsable de la cartera de Desarrollo Económico; Andrés Ibarra, en Modernización; y Néstor Grindetti, ministro de Hacienda. El trabajo de los tres fue muchas veces más silencioso y menos visible que el de otros, pero fueron un soporte y tuvieron un rol decisivo en las transformaciones que emprendimos. Tanto Ibarra como Grindetti habían colaborado durante mucho tiempo en la empresa de mi padre. Pancho Cabrera se había desempeñado como un cuadro gerencial en empresas de gran magnitud.

Con Pablo Clusellas, mi secretario Legal y Técnico, la situación fue diferente. Es un caso especial, ya que lo conozco desde que ambos éramos niños. Fuimos compañeros de colegio. El rol de Pablo fue el de cuidar la legalidad de todos los actos de gobierno, tanto en la Ciudad como en la Nación. Es la persona a la que siempre escuchaba para decidir cuándo debía o no firmar algo. Es un rol que requiere, más allá de la confianza personal, una extraordinaria solvencia profesional. Pablo reúne ambas cualidades, y con creces.

En el poder, la relación entre la amistad y el trabajo es un tema complejo. La amistad garantiza que la confianza, una de las dimensiones fundamentales de la delegación de tareas, esté resuelta. La confianza personal y la calidad humana de la que me hablaba Goar Mestre son para mí elementos imprescindibles para integrar un equipo. Ambas están cubiertas por los amigos. Pero la capacidad técnica no es requisito en una amistad. La amistad es un vínculo entre pares. Las organizaciones complejas como el Gobierno o las empresas requieren vínculos verticales. En mis épocas de empresario me equivoqué en más de una ocasión al designar a alguien personalmente cercano en un rol subalterno, y que luego se ofendiera y se sintiera agraviado al haberse roto la paridad propia de la amistad. También cometí el error de elegir a alguien para ocupar una posición que estaba por encima de sus cualidades profesionales, simplemente porque se trataba de un amigo. Son errores que me cuidé especialmente de no repetir a lo largo de mi carrera política.

La función que cumplen los amigos en la vida es diferente. Cuando se los suma a un equipo de trabajo la exigencia será aún mayor para ellos que para los demás. De alguna manera, los amigos corren con desventaja. Y si llegan será porque sus cualidades profesionales son superlativas. Si no, siempre es mejor preservar el espacio de la amistad fuera del trabajo. Una cosa distinta es la construcción de la amistad a partir de compartir la experiencia laboral cotidiana. No tiene nada que ver con el amiguismo, es decir, con la utilización de la amistad como un medio para obtener algún tipo de privilegio.

A medida que transcurría mi segundo mandato, las transformaciones que estábamos logrando en la Ciudad comenzaron a mostrar un contraste muy nítido con el estancamiento del modelo populista que comandaba la Nación.

Nuestra propia fuerza había crecido y la sucesión, tras mi segundo mandato en la ciudad, me planteó un nuevo desafío en materia de liderazgo. Era lógico y natural que en un equipo surgieran ideas, matices y estilos diferentes que, pese a compartir el mismo *para qué*, quisieran disputar la continuidad de nuestro proyecto. Horacio y Gabriela, dos pilares fundamentales desde el inicio del PRO, plantearon desde finales de 2014 la necesidad de resolver la disputa interna.

Las diferencias internas son habituales en política. El verdadero liderazgo se da en cómo resolverlas de manera positiva y no destructiva. Tanto Horacio como Gabriela tenían motivos legítimos para postular sus propios proyectos. Mi desafío era lograr que lo hicieran manteniendo siempre el principio de unidad por encima de las diferencias. Es la única manera de lograr que las disputas internas no debiliten al conjunto y que el respeto recíproco esté por encima de todo. Siempre valoré la competencia. No debía ser yo quien eligiera al nuevo candidato a jefe de gobierno, más allá de mis preferencias. Por el contrario, siempre he pensado que quienes deben resolver estas cuestiones no son los políticos sino los ciudadanos con su voto. Así lo hicieron en abril de 2015 y la gente decidió que Horacio encabezara la continuidad de nuestro liderazgo en la ciudad.

No estaba escrito en ningún lugar que pudiera alcanzar la presidencia en 2015. De hecho, hasta poco tiempo antes de las elecciones mi posible candidatura se instalaba en las encuestas en un incómodo y lejano tercer lugar, detrás de las dos vertientes que ofrecía el peronismo, una liderada por Daniel Scioli y la otra por Sergio Massa. Hacía falta construir una nueva herramienta política que fuese capaz de evitar la dispersión del voto opositor.

Para poder construir algo nuevo hace falta audacia y coraje. Es lo que les sobra a las otras dos personas junto a quienes fue posible la creación de Cambiemos. Me refiero, claro está, a Elisa Carrió y a Ernesto Sanz. Los tres sabíamos que en esa decisión estábamos cambiando profundamente el mapa político del país.

La tarea de derribar prejuicios me acompañó a lo largo de todo mi trayecto. Estuvo presente desde el momento en que decidí salir del rumbo previsto y me propuse ser presidente de Boca. Tanto Lilita como muchos radicales habían sido muy críticos conmigo. Habían dicho cosas durísimas. De nuestro lado también se habían escuchado voces de desconfianza hacia los otros dos espacios políticos.

Sin embargo, rápidamente nos dimos cuenta de que los tres compartíamos un mismo *para qué*. Existen valores y conceptos que están en la base de Cambiemos —hoy Juntos por el Cambio— que permanecen inalterables. No los voy a enumerar otra vez. Quien me está leyendo los conoce bien. Y muy posiblemente los comparte. El país en el que queremos vivir la gente del PRO, los radicales, los integrantes de la Coalición Cívica y tantos otros que se fueron sumando, es exactamente el mismo.

Sin dudas diferimos en matices, en grados, estilos o tiempos. Pero nuestro *para qué* es el mismo hoy que en aquellas primeras reuniones que tuve con Lilita y con Ernesto. No me he movido un milímetro de aquellas ideas y de las razones que me llevaron a creer que la solución de nuestros problemas está más allá de las discusiones pequeñas. Que no alcanza con un hombre ni con un partido político. Ni siquiera con la suma de todos sus dirigentes y sus militantes. La solución está en otro lugar.

Era la sociedad, eran los ciudadanos los que estaban exigiendo, tanto entonces como ahora, la unidad. Nuestro rol es interpretar y expresar los deseos y los hartazgos de millones de argentinos. No se trataba tan solo de unir sellos y escudos de partidos, de armar listas, de dirimir candidaturas. Sin dudas todo eso iba a ser necesario. Pero se trataba de otra cosa. Se trataba de escuchar las voces de las personas reales, de la gente que se levanta temprano a trabajar y quiere un futuro próspero para su familia. Que sus hijos no se vayan. O que vuelvan.

Nuestra relación con las otras fuerzas de Cambiemos tenía algo de aquellos noviazgos intensos que rápidamente terminan en el altar. Queremos lo mismo, pero somos diferentes. Aquí también tuvimos que aprender haciendo y dedicamos mucho tiempo a conversar, a conocernos más, a eliminar prejuicios y a escuchar los puntos de vista de los demás. Supimos desde el primer momento que éramos más que una coalición circunstancial destinada a ser competitiva en las elecciones. Pero para poder soñar con hacer realidad nuestro *para qué* todavía faltaba lo más importante. Había que ganar.

No es casual que en aquellos meses previos a la elección comenzara a dedicar más tiempo a visitar casas de familias con problemas reales a través de aquella idea genial de Marcos que fueron los *"mano a mano"*. La capacidad de escucha es el mayor atributo de un líder. Y es también uno de los insumos principales en el ejercicio del poder. Cuando un líder deja de escuchar, sucede algo: termina perdiendo las dos cosas, el liderazgo y el poder.

Hacia principios del año 2015 una parte importante de los argentinos se había hartado del kirchnerismo, de sus atropellos, de sus abusos de poder y, sobre todo, de su incompetencia y de la mentira de su relato. Había pasado demasiado tiempo. Los errores y los desastres se habían ido acumulando uno tras otro.

Pero por encima de todo había un problema principal: las variables de la economía se estaban sosteniendo a cuenta del futuro y eran muy pocos los argentinos que lo notaban. En la vida cotidiana de las familias no se percibía lo que estaba sucediendo. Pero un casi inaudible tic-tac se podía escuchar en las cifras de las reservas del Banco Central, en los atrasos en las tarifas de los servicios públicos y en la inflación, entre otros puntos neurálgicos de la economía.

La irresponsabilidad fiscal del gobierno kirchnerista era total. Estaban lejos de desactivar la bomba macroeconómica que habían armado, y mientras el tiempo pasaba, quedaba claro que los efectos de la explosión serían devastadores. El reloj estaba programado para accionar el detonador a partir del cambio de gobierno, fuera quien fuera el ganador.

Las discusiones entre nuestros economistas durante aquellos meses tenían una gran intensidad. Unos pocos planteaban que había que avanzar de manera inmediata en todos los frentes. La mayoría sostenía que en el caso de una victoria no íbamos a contar con el poder político suficiente para poder llevar a cabo todas las reformas al mismo tiempo. El desafío era enorme. Si ganábamos tendríamos que desactivar la bomba a punto de explotar y desarmarla pieza por pieza para que no estalle en nuestras narices. Una parte de la sociedad parecía apoyar los cambios, pero era insuficiente. Muchos querían simplemente que se fuera Cristina y su gobierno, pero tenían miedo de los efectos que pudieran traer los cambios sobre sus vidas.

Es cierto que nuestro acuerdo con los radicales estuvo centrado en la defensa irrestricta de los valores republicanos. Pero no menos cierto es que carecimos del tiempo necesario para profundizar el debate acerca de cuál era el modelo económico necesario para que la Argentina se desarrollara. A poco de llegar al Gobierno, tuvimos que enfrentar la realidad. No había ni mandato de la sociedad ni votos en el Congreso, ni un consenso firme en nuestra coalición para encarar las reformas profundas que requiere nuestro país.

Nuestra debilidad tuvo un nombre: *gradualismo*.

22

Me hago cargo

El 25 de octubre de 2015 los argentinos fuimos a las urnas para elegir ni más ni menos que al nuevo presidente de la Nación. El recuerdo de aquella campaña me conmueve hoy como me conmovió mientras transcurría. Las campañas electorales exigen un enorme trabajo de ingeniería comunicacional y logística. Pero aun con toda su carga de sofisticación, sus encuestas, sus *focus groups*, sus consultores y sus publicistas, nada reemplaza el contacto directo con los ciudadanos, ese sueño compartido que se traduce en infinidad de abrazos, besos, *selfies*, cartas y mensajes.

Como en Boca y como en la Ciudad, el viejo y oxidado sistema político volvió a mirarnos por encima del hombro, con una enorme carga de subestimación. Marcos Peña solía utilizar la leyenda de David y Goliat —recogida en la Biblia y presente en nuestra cultura desde tiempos inmemoriales— como la imagen que representaba nuestro desafío. Allí, el pequeño David derrota al gigante Goliat en un combate desigual. Todos piensan que Goliat va a vencer y tienen buenas razones para hacerlo. Su fuerza y su tamaño son incomparables a los de David, que apenas cuenta con una pequeña gomera. Sin embargo, David lanza con la fuerza de su gomera una piedra en el rostro de Goliat. El gigante cae; David lo vence.

Una interpretación lineal podría suponer que yo era el David de esta historia y el tan arraigado populismo argentino representaba a Goliat. Pero no estoy del todo de acuerdo con esta idea. Los argentinos, hartos de estar hartos, se convirtieron en David en aquellos días. Fueron los ciudadanos los que dieron esa batalla y nosotros, apenas su instrumento.

Aquel 25 nos fuimos a dormir con una noticia que cayó como un baldazo de agua helada sobre el populismo. María Eugenia Vidal, la misma María Eugenia que había conocido trece años antes, se había convertido en la primera mujer gobernadora de la provincia de Buenos Aires. Había derrotado, como ella misma decía, a los *machos del conurbano*, ese poder clientelar que para los bonaerenses parecía eterno e imbatible. Otra vez, David versus Goliat.

Como había ocurrido en la ciudad ocho años antes, me acompañó Gaby Michetti. Quedamos detrás de la fórmula del Frente para la Victoria, integrada por Daniel Scioli y Carlos Zannini, por apenas tres puntos de diferencia, 37 a 34. El final estaba abierto, pero ellos estaban más cerca de llegar al 45 por ciento exigido por la ley para ganar la elección.

A partir de ese momento vivimos días de locura. Solo en dos ocasiones el populismo había sido derrotado en elecciones presidenciales. En 1983, con el triunfo de Raúl Alfonsín, y en 1999, con la victoria de Fernando de la Rúa. En ambos casos, el peronismo se ocupó de hacerle la vida imposible a los presidentes radicales. Los dos, bajo distintas circunstancias, se vieron obligados a dejar sus cargos antes de cumplir con los períodos para los cuales habían sido elegidos.

Los veintiocho días que separaban la elección general de la segunda vuelta fueron dramáticos. La adrenalina explotaba en las venas del equipo. Sabíamos que podíamos ganar, que estábamos cerca. Se respiraba una atmósfera cargada de expectativas. La figura de David se encarnó en millones de argentinos que se movilizaron a votar en aquel domingo histórico.

Los números dieron finalmente su veredicto: 51,34 contra 48,66 por ciento, una pequeña pero decisiva diferencia de 2,68 puntos me convirtió en presidente de la Nación, con lo que 680.609 argentinas y argentinos habían elegido nuestra propuesta por encima de la de nuestros rivales. Más de doce millones y medio de ciudadanos se habían convertido en David y habían apostado al futuro por sobre el pasado. La tercera presidencia no peronista estaba por comenzar.

En 2021 publiqué mi libro *Primer tiempo*. Allí narré con toda la precisión de la que fui capaz mi experiencia como presidente. Allí conté las tensiones, los problemas y los logros que atravesé a lo largo de esa maravillosa y durísima etapa de mi vida. Escribir aquel libro fue un ejercicio sanador para mí y, según me lo hicieron saber muchos de sus miles de lectores, también lo fue para ellos, para los que creyeron y se jugaron por el cambio. Allí expuse mis razones sobre lo que hicimos y lo que no pudimos hacer, al tiempo que hice una sincera evaluación de nuestros resultados frente al tamaño del desafío que asumimos desde el primero hasta el último día de mi mandato.

La experiencia presidencial es algo único. Es el mayor honor que pude haber recibido de mis compatriotas. De alguna manera, esos cuatro años sintetizaron todos los conceptos sobre el liderazgo y el poder que fui desarrollando a lo largo de mi carrera en la empresa, en Boca y en la Ciudad. Tengo la conciencia en paz porque sé que hice todo lo que estuvo a mi alcance por hacer realidad nuestro *para qué*. Pero pese a todo lo que hicimos desde el gobierno en aquellos años, no me siento en absoluto satisfecho.

El tiempo transcurrido desde el resultado de las PASO en agosto de 2019 fue acomodando la perspectiva de unos y otros. El fracaso estrepitoso del regreso del populismo llevó al país a una crisis inédita en nuestra historia. La combinación increíble de déficit fiscal, inflación altísima, aislamiento internacional, explosión de la deuda pública, agotamiento de las reservas en el Banco Central y, por encima de todo, crecimiento exponencial de la pobreza y de la inseguridad, hizo su trabajo. No existe ningún indicador que hoy muestre alguna mejora en cualquier aspecto de la vida del país. Lo que estaba bien en 2019, hoy está mal. Lo que estaba mal en 2019, hoy está peor.

Sería un error gravísimo conformarnos con esto. No somos buenos porque quienes nos sucedieron fueron peores que nosotros. El tiempo que vivimos bajo el cuarto período kirchnerista y sus desastres nos da la posibilidad de revisar nuestro gobierno, de extraer aprendizajes y lecciones para aplicar en el *segundo tiempo*.

Una parte importante de este proceso personal reside en el rechazo de aquella idea de revancha permanente que tenía de joven. La idea del desquite, que es tan importante en el deporte, puede enceguecer a un líder. No estamos aquí para ganarle al otro. Estamos aquí —no importa si es en la empresa, en un club o en la política— para liderar transformaciones profundas.

Desde el primer día en el poder me he hecho cargo de todo lo que hicimos, de lo bueno y de lo malo. La vida me enseñó a cuidarme de los aspectos negativos del liderazgo que vi en mi padre. En ocasiones solía cargar sus propios errores sobre las personas que lo rodeaban. Es algo que siempre descarté. El liderazgo tiene algo mágico, es como un hechizo compartido entre seres humanos, está más allá de lo estrictamente racional. Cuando el líder ignora sus equivocaciones y las coloca sobre quienes lo acompañan, ese hechizo se rompe. El líder siempre debe hacerse cargo. Es una cuestión de responsabilidad sobre su propio liderazgo y sobre los demás.

En oposición a mi padre, aprendí a escuchar. Escuchar es una herramienta que trae seguridad. Descubrir los diferentes puntos de vista sobre la realidad es parte del trabajo del líder para no convertirse en un obcecado o en un necio. El objetivo del líder no es tener razón. Es cambiar la realidad, es que los proyectos se realicen. Es hacer.

Existen líderes en todos los campos que parecen más motivados por tener razón que por transformar. Es una obsesión peligrosa, que confunde el liderazgo con dar órdenes. Para mí, es clave escuchar. Hubo quienes vieron en esto una debilidad de mi modelo de liderazgo. Es cierto que en ocasiones escuchar mucho puede alimentar la percepción de que las decisiones se diluyen entre diferentes opiniones. Pero no se trata de eso. Nunca fui de dejar las cosas acumularse en un cajón y esperar que se resolvieran solas. Al contrario, es una de las peores conductas que puede tener un líder. Solo genera frustración en sus equipos y la degradación de su liderazgo.

Si el proceso de toma de decisiones durante la presidencia me transformó en una persona con una mayor capacidad de escucha, también implicó darle un valor adicional a mi propia palabra. No se construye ningún liderazgo diciéndole a cada uno lo que quiere escuchar. El líder es una referencia, como lo es el director de una orquesta. Debe estar siempre dentro del campo visual de los músicos. Si el líder actúa en función de su propia conveniencia, su liderazgo se resiente. La corrección política, la búsqueda de agradar y la complacencia van siempre en contra del tipo de liderazgo que yo valoro.

Los acuerdos y los consensos son valiosos si, y solo si, no traicionan tu *para qué*. La política tradicional suele sobrevalorar los consensos. Pero el resultado del consenso depende de la confianza y del valor de la palabra. En varias ocasiones durante mi gobierno intenté lograr acuerdos: con parte de la oposición, con sindicalistas, con gobernadores de otro signo político. En general, nunca cumplieron con su parte. La búsqueda del consenso a cualquier precio puede ser una trampa en el ejercicio del poder. El precio del acuerdo puede significar la continuidad de lo mismo y la renuncia al cambio. Hay que estar siempre atentos.

Los buenos líderes suelen sacar lo mejor de las personas. Pero no pueden cambiar sus maneras de ser y sus personalidades. A veces existe una tensión muy grande entre ambas cosas. Es parte integral del aprendizaje. Procuré siempre transmitir esta diferencia a los equipos. Los seres humanos cuando ocupan una posición de privilegio o de poder requieren una mayor atención sobre sus limitaciones.

En la política esto aparece con mucha claridad. El afán de permanencia puede llevar a ceder en aquello que no se debe ceder o a subestimar el conflicto entre la voluntad transformadora y el *statu quo*. Aprendí que nunca se debe minimizar este conflicto. Para un liderazgo como el que he intentado ejercer, el equipo tiene que ser parte de la solución y no parte del problema. He visto a muchas personas marearse con el poder. Y he visto también a personas que supieron combinar su equilibrio emocional y su mundo afectivo y lograr actuar como verdaderos leones del cambio. Se trata del poder, siempre. De cómo se lo utiliza y de cómo se evita que se te suba a la cabeza. Cuando esto sucede, el liderazgo se convierte en una experiencia horrible y destructiva.

La confianza es otro principio central en mi idea de liderazgo. La tarea de líder es de soporte. Debe estar atrás, no adelante. Debe fortalecer, no boicotear. La confianza es imprescindible para enfrentar los riesgos. La construcción de este vínculo basado en la confianza es lo que me ha permitido llegar hasta donde he llegado. Es lo que ha hecho que tantas personas me acompañen y se sumen a nuestro *para qué* colectivo. Todos deben tener claro dónde voy a estar parado ante cada circunstancia. Al final del día, sin confianza no hay nada.

Escribí antes acerca de la mirada de psicólogo que descubrí que deben tener los líderes. Pero es una mirada insuficiente. La tarea del líder se parece también a la de un pastor en términos religiosos. La ejemplaridad, el respeto, el reconocimiento y la confianza son elementos que están presentes en este tipo de liderazgo. Emprender requiere ese componente mágico, espiritual, emocional, que une al equipo y que le da fortaleza. Ese lazo que une al líder con su gente tiene que ser construido con mucha fuerza y solidez. Cuando se debilita, el líder se queda solo. Y un líder solo no sirve para nada.

El equipo que me acompañó en la presidencia se ganó un respeto internacional difícil de encontrar a lo largo de nuestra historia. Cada uno de sus integrantes puso lo mejor de sí en función de aquel proyecto en el que la mayoría de los argentinos depositaron su confianza. Cualquier desentendimiento durante los años de la gestión ha quedado atrás. Como dice Martín Fierro *"sepan que olvidar lo malo también es tener memoria"*. Apenas ha transcurrido el primer tiempo del cambio. El partido continúa.

Algunos habían estado cerca desde la etapa de la Ciudad, como Marcos Peña, Esteban Bullrich, Guillo Dietrich, Andrés Ibarra, Jorge Lemus, Pancho Cabrera, Carolina Stanley, Hernán Lombardi, Jorge Triaca, Fernando de Andreis, Pablo Clusellas, Sergio Bergman, Alejandro Finocchiaro, Rogelio Frigerio y Federico Sturzenegger. Otros llegaron con trayectorias importantes en la política, como fue el caso de Patricia Bullrich, Oscar Aguad, Julio Martínez, Ricardo Buryaile, Gustavo Santos o Adolfo Rubinstein. También sumé personas que habían tenido desempeños destacados en la actividad privada, como Juan José Aranguren, Luis Caputo, Luis Miguel Etchevere, Germán Garavano, Dante Sica, Javier Iguacel, Guido Sandleris, Pablo Avelluto, Mario Quintana y Gustavo Lopetegui. Susana Malcorra llegó desde las Naciones Unidas y luego se sumó Jorge Faurie al frente de las Relaciones Exteriores. Decidí darle continuidad a la gestión en Ciencia y Tecnología y retuve a Lino Barañao al frente del área. En Economía conté con la capacidad y el talento de Alfonso Prat Gay, Nicolás Dujovne y Hernán Lacunza.

Todos ellos representan apenas una pequeña parte, acaso la más visible, de un equipo mucho más grande integrado por cientos de funcionarios que dejaron todo en la cancha en función de nuestro *para qué*. Para aquellos que fuimos parte de este viaje, el aprendizaje ha sido enorme. Hoy, Juntos por el Cambio cuenta con un gran volumen de experiencia acumulada. Ese bagaje, sumado a la fuerza y el coraje de una nueva camada de funcionarios, será la base fundamental para profundizar el cambio y poder cruzar definitivamente aquel río que no terminamos de atravesar en 2019.

23

La confianza, por encima de todo

Entiendo el poder como una herramienta para el cambio. Pero a su vez es una herramienta no exenta de peligros para quien la utiliza. En mi caso, he reflexionado mucho acerca del impacto que tiene el poder sobre las personas.

He visto a líderes en todos los campos obsesionarse con sus rencores, sus enfrentamientos o sus pasiones. Cuando este tipo de sentimientos te toma, resulta complicado salir de allí. En todas las instancias de mi carrera tuve adversarios, personas que pensaban diferente sobre los mismos temas. Sin embargo, siempre busqué evitar la agresión personal como mecanismo para dirimir las diferencias. Cuando se agrede, se entra en un terreno destructivo. Aquel que agrede, antes que nada se daña a sí mismo. La agresión es un problema para el agresor. Nunca lo es para el agredido. En mi caso, funcionó. Pero me llevó un buen tiempo construir esta visión.

Una tarde de 2003 me encontraba recorriendo un *shopping*. Era una de las tantas acciones de mi primera campaña electoral como candidato a jefe de Gobierno de la Ciudad. Mientras conversaba con la gente que se me iba acercando y hablaba de nuestras propuestas, desde atrás escuché la voz enfurecida de un hombre que me insultaba. En aquel tiempo mis reacciones eran mucho más temperamentales y sanguíneas de lo que son hoy. Me di vuelta y corrí hacia esta persona, que comenzó a alejarse rápidamente. *"¿Qué te pasa?"*, le dije. *"¡Vení a decírmelo en la cara!"*, le reclamé a los gritos. Había perdido el control y me sentía enfurecido, completamente fuera de mi eje. El personaje en cuestión logró escabullirse entre la gente y cuando lo volví a buscar con la mirada ya lo había perdido.

No sé qué habría sucedido de haberlo alcanzado. Seguramente, nada bueno para ninguno de los dos. Desencajados, los miembros del equipo que me acompañaban intentaban calmarme. Un rato después, ya más tranquilo, me di cuenta de que había estado a punto de cometer un enorme error. A la agresión no se debe responder con otra agresión. La violencia inevitablemente comienza su espiral ascendente cuando las dos partes suben el tono.

Muchos años después volví a atravesar un episodio similar. Pero esta vez mi reacción fue completamente diferente. Recuerdo que estaba por cruzar una calle durante uno de nuestros habituales timbreos por el conurbano bonaerense cuando una mujer joven, muy enojada, se detuvo frente a mí y comenzó a insultarme. Lejos de responderle, me quedé escuchándola durante algunos minutos hasta que hizo una pausa. En ese momento, le pregunté: *"¿Hay algo que pueda hacer por vos?"*. Se quedó muda e inmóvil. Toda su actitud corporal cambió en un instante. Su enorme agresividad había quedado flotando en el aire: mi reacción la tomó por sorpresa. Pasado un rato, continuó con sus críticas, pero el tono era otro y las agresiones personales habían desaparecido por completo.

Cuando trabajaba en Sideco, estaba obsesionado con Benito Roggio, uno de los principales constructores del país y nuestro adversario en muchas licitaciones. Roggio nos ganó en varias ocasiones. Nuestras empresas mantuvieron por años una fuerte e intensa rivalidad. De a poco, comencé a darme cuenta de que tenía que salir del enganche con lo que hace el otro y poner el foco en mi propio trabajo. Me liberé así de esa confrontación. Tiempo después sucedió algo notable. Cuando llegué a la jefatura de Gobierno en la ciudad, Roggio temía que usara mi poder en su contra, algo que jamás hice ni habría sido capaz de hacer. Por el contrario, con los años construimos una sólida amistad. Este tipo de obsesiones personales y rivalidades son siempre improductivas. Desprenderse de ellas es, por lo tanto, liberador.

En la política aprendí a utilizar algunos recursos para despejar las cuestiones personales del escenario de la toma de decisiones. Pocos días antes de asumir la Presidencia de la Nación convoqué a todos los ministros designados a una reunión en el Jardín Botánico. Bajo la sombra de los árboles tomamos la primera fotografía de aquel equipo inicial en la que fue su presentación en sociedad. Era la primera vez que me reunía con todos a la vez. Muchos aún no se conocían entre ellos. Todos estaban ansiosos por comenzar con sus nuevas tareas. Nos juntamos en una pequeña sala y allí les hablé de la importancia de preservar el trabajo en equipo por encima de cualquier otra cosa.

"Ahora que estamos todos juntos aquí, quiero que sepan algo. Algunos de ustedes ya han trabajado conmigo. Pero también hay

otros que no me conocen en el día a día. Quiero que todos sepan que al primero que me traiga un chimento, me hable de operaciones en los medios o me venga a hablar mal de un colega, le voy a pedir la renuncia en ese mismo instante", anuncié categórico. Era consciente desde ese primer momento que el principal recurso que nos iba a faltar para hacer nuestro trabajo iba a ser el tiempo. Perderlo en degradar al equipo desde adentro es un elemento tóxico, una gangrena que lo deteriora todo y que hay que cortar de cuajo. Anteponer cuestiones personales por encima del equipo y, más aún hacerlo en ese contexto, significaba una enorme irresponsabilidad. Afortunadamente, todos lo entendieron y nunca tuve que cumplir aquella advertencia.

Otra técnica que mis colaboradores conocen bien es la que bautizaron como *"el método del speaker"*. Es uno de los mejores y más eficaces sistemas que utilizo para clausurar desde el primer momento las intrigas y los conflictos entre las personas que forman parte de mis equipos. El método es muy sencillo. Cuando alguien llega y comienza a hablar mal de otra persona del equipo, mi respuesta es siempre la misma. Le pido a mi asistente que me comunique de inmediato con la persona aludida. Una vez que se produce la comunicación activo el altavoz del teléfono y le digo: *"Hola, X. Aquí estoy conversando con Y que me dice que vos hiciste tal cosa… Bueno, ahora Y te está escuchando"*. Inexorablemente, el rostro de Y se pone colorado. El final es siempre el mismo: terminan acordando entre ellos sentarse a tomar un café, conversar y resolver sus diferencias. Más allá del tiempo que se pierde, ser parte de un equipo exige que sus integrantes sean capaces de decirse las cosas de frente.

Insisto: el tiempo es el activo más escaso en cualquier proceso de transformación. A diferencia de lo que suele pensarse, lo que no se hace hoy, difícilmente pueda hacerse mañana. Algunos han dicho que no administré mi tiempo de la mejor manera durante la presidencia. Quienes sostienen este punto de vista señalan que debería haber estado más concentrado en la política, en los grandes temas, y no involucrarme tanto en el día a día de la gestión. Sé que lo han señalado con la mejor intención. Pero no estoy de acuerdo.

Muchas de las mejores horas en el cargo fueron las que pasé en las "mesas sectoriales". En aquellas reuniones participaban todos los eslabones de las principales cadenas productivas de la Argentina. Cuando digo todos, me refiero exactamente a todos. Instituciones y personas cuyas acciones construyen los costos de lo que comemos, de lo que exportamos, de lo que sembramos y de lo que producimos. Si se trataba de la carne, estaban presentes los gobernadores de las provincias ganaderas, los productores, los ministerios involucrados, el SENASA, la AFIP, la Aduana, los sindicatos que representan a los trabajadores del rubro. Nadie debía quedarse fuera de la mesa de su sector.

El objetivo de esas reuniones era encontrar la manera de bajar los costos entre todos. Ayudar al sector público y al sector privado a trabajar juntos es un ejercicio fascinante. Más de una vez me tocó descubrir que los funcionarios desconocían las vivencias directas del sector económico del que se trataba. Y lo mismo sucedía desde el sector privado: los presidentes de las cámaras sectoriales no siempre conocen las razones y la lógica con la que actúa el Estado.

Las mesas sectoriales crearon un clima cooperativo que tenía el objetivo de mejorar la vida de los ciudadanos y ayudar a la economía del país. Fue algo inédito, las cosas comenzaron a cambiar y los prejuicios recíprocos se disolvieron. Cuando la pregunta ya no es *"¿qué puede hacer el Estado por mí?"* y pasa a ser *"¿qué podemos hacer juntos?"*, mi idea del poder adquiere todo su sentido. Eso construye una energía transformadora única.

Este ámbito de sinceridad generó en más de una ocasión situaciones incómodas. En una de esas mesas tratamos la cuestión de la producción forestal, una de las tantas potencialidades no desarrolladas de la Argentina. Sin ir más lejos, nuestro vecino Uruguay, con su ejemplar seguridad jurídica, ha avanzado muchísimo en la explotación de la pasta de celulosa. Por lógica, la diferencia en este sector debería ser amplia en favor de la Argentina. Pero la lógica no aplica después de tantas décadas de populismo y la realidad es que Uruguay está muy por delante de nuestro país.

En una reunión de la mesa forestal un gremialista comenzó a criticar duramente el sistema impositivo y las regulaciones que existían en la provincia de Misiones. Fue muy duro con el gobernador Hugo Passalacqua, que estaba presente. El sindicalista afirmaba con toda razón que la causa del congelamiento de las inversiones en la provincia había que encontrarla en la enorme carga tributaria con que se las castigaba localmente.

Tras concluir la reunión, recibí al gobernador. Passalacqua había salido de la reunión de la Mesa muy enojado. Ni bien ingresó en mi despacho me reclamó: *"¡Ustedes me tendieron una trampa!"*. *"No, Hugo, no te confundas"*, intenté serenarlo. *"El sindicalista que habló es tan peronista como vos. Solo que estaba diciendo la verdad. Deberías haberlo escuchado y no enojarte. Como gobernador, tu tarea es aliviar la carga fiscal para lograr que haya más inversiones en tu provincia".* Fue inútil. Pese a mis esfuerzos en contrario, Misiones no cambió sus exigencias fiscales y las inversiones que tanto necesita su gente nunca llegaron.

El trabajo de aquellas cuarenta mesas sectoriales de productividad generó muchísimo valor. Fueron un puente de diálogo como nunca se había logrado en la Argentina. En el segundo tiempo del cambio tendrá que ser una de las acciones a retomar más rápidamente.

La primera de aquellas mesas tuvo por objetivo acelerar lo más posible la explotación de las reservas de gas de Vaca Muerta. Antes de la elección presidencial de 2015 había tenido la oportunidad de conversar largamente con Guillermo Pereyra, veterano líder sindical de los empleados del petróleo y el gas privado y senador nacional entre 2013 y 2019. Tal como hice con sindicalistas de otros sectores, le propuse a Pereyra que accediera a modernizar los convenios laborales de su gremio para poder conseguir las inversiones necesarias para transformar en divisas esa reserva extraordinaria con la que cuenta nuestro país. *"Guillermo, si mejoramos tu convenio vamos a acelerar el desarrollo del sector y habrá miles de nuevos puestos de trabajo y tu gremio va a crecer."* Pereyra fue uno de los que entendió el sentido del cambio y el *para qué* de lo que íbamos a implementar en Vaca Muerta. Bajo la conducción del ministro de Energía, Juan José Aranguren, multiplicamos cinco veces la actividad en los cuatro años de gobierno.

La mesa en la que nos ocupamos de la explotación del gas en Vaca Muerta fue una experiencia virtuosa. Fuimos capaces de alinear los objetivos de todas las partes involucradas. Lo mismo se repitió con la minería, el campo, la economía del conocimiento y muchos otros sectores. Cada uno de ellos encontró un espacio inédito de trabajo liderado por el propio presidente de la Nación.

El valor más importante que construimos en esas mesas fue la confianza entre todos los presentes. Nunca me voy a cansar de repetirlo. La confianza es el motor más importante para desarrollar la sociedad, para cualquier iniciativa. Los argentinos hemos atravesado muchas décadas de desconfianza recíproca entre los ciudadanos y el Estado, entre empresarios y gobierno. La confianza se nutre de la palabra y de los actos de cada uno en relación a los demás. Es el cemento que nos une como sociedad. Sin ella, no hay futuro posible.

Esta necesidad de confianza fue lo que me llevó a participar de estas mesas. La presencia del presidente fue clave en todo momento. Al mismo tiempo que marcaba el rumbo les daba el respaldo necesario a los funcionarios frente a sus iniciativas y ofrecía garantías al sector privado sobre el valor de lo que allí se discutía. No se trataba de una foto. Fueron espacios reales de trabajo compartido con resultados concretos y palpables.

Hacia adentro de la propia administración ocurrió lo mismo con las infinitas horas pasadas junto a los equipos de cada uno de los ministerios en las reuniones mensuales de seguimiento. Mi tarea era escuchar sus problemas, conocer sus logros y ayudarlos a cumplir sus metas. Para mí, gobernar es dedicar parte del escaso tiempo disponible a la gestión y a poder evaluar el desempeño de cada área. Alguno podía considerar que esta tarea es pequeña para el presidente. Pero no estoy de acuerdo. Tal como había sucedido en la Ciudad, aquellas reuniones me dieron siempre la oportunidad de brindar el respaldo del que tanto he hablado y que los funcionarios necesitan. El contacto entre el líder y su equipo debe ser permanente.

Mi decisión de fortalecer a Marcos Peña en la jefatura de Gabinete con el aporte de dos importantes conocedores de la planificación y la gestión en el sector privado como Mario Quintana y Gustavo Lopetegui obedeció a dotar de más recursos, más seguimiento y más gestión a todos los ministerios. Fue similar a lo que ocurrió en la Ciudad con el rol que le di a la jefatura de Gabinete. Algunos ministros se quejaban por lo que consideraban intromisiones de parte de los vicejefes de Gabinete. Pero su función era otra, no siempre comprendida. En una organización del tamaño y la complejidad del Estado, era imprescindible contar con una mirada de conjunto sobre la marcha del proceso de cambio que estábamos implementando. Y junto a ello, era también necesario alcanzar una gran coordinación entre el trabajo de todos. La existencia de más o menos ministerios obedece a una cuestión de orden, pero no se trata de compartimentos estancos, separados unos de otros como si se tratara de pequeños feudos. Por el contrario, las transformaciones que nos propusimos requerían, antes como ahora, del trabajo de más de un ministerio e involucraban a distintos equipos. La unidad del equipo logró que todos pudieran adecuarse a ese método de trabajo que, a partir del regreso del populismo, lamentablemente se perdió. El equipo está por encima de las individualidades. En política y en la gestión pública, no es algo tan obvio.

La organización es clave en el ejercicio del poder. No puede haber áreas grises. Los roles deben estar claros. Como presidente, mi responsabilidad estaba en la visión, en el *para qué*, en llevar el barco hacia el lugar que los ciudadanos señalaron con su voto. Esta tarea implica un rol muy particular: trasladar dicha visión a su equipo, de modo que pueda convertirse en una misión colectiva e individual. El jefe de Gabinete es quien tiene a su cargo el control de la gestión verificando el grado de cumplimiento de los objetivos. Por su parte, cada uno de los ministros tiene un papel preciso: deben ser protagonistas e interlocutores con la sociedad y con los actores de su sector específico, y ponerse al frente de la transformación de su área a través de un plan acordado previamente, con sus plazos y métricas.

La mayor dificultad con relación al tiempo tuvo lugar a partir de la crisis financiera desencadenada por la devaluación de abril de 2018. Las crisis tienen una dinámica propia, que muchas veces se vuelve imprevisible. En la emergencia, el tiempo se vuelve insuficiente. Ese fue, posiblemente, el momento en el que cometí el mayor error a lo largo de mi mandato. El poder es una jaula dorada. Y esa crisis me obligó a dedicar todo mi tiempo a encontrar junto al equipo económico la salida a la situación de desconfianza que había vuelto a apoderarse de los inversores. Una mancha de dudas comenzó a expandirse acerca de las posibilidades de éxito de mi gobierno frente a la amenaza del retorno del kirchnerismo.

Fue un golpe durísimo. Tanto, que me llevó a perder la capacidad de escuchar a la sociedad. Muchos se sintieron defraudados, perdieron la confianza y tuvieron su cuota de razón. Mi obsesión era entonces la de mantener el barco a flote tras el impacto que habíamos recibido de los mercados. No fue nada fácil. Mi desesperación entre aquel momento y la derrota en las primarias de agosto de 2019 me alejó de una parte de la gente. De todos los errores cometidos, este fue el principal. Algo allí se dañó.

Tuvo que pasar más de un año para que las cosas volvieran a sacudirse. Debió llegar aquel inolvidable sábado 24 de agosto de 2019 que trajo la movilización espontánea de decenas de miles de argentinos que tomaron las calles y se congregaron en la Plaza de Mayo para que tomara plena conciencia de mi equivocación.

Fernando de Andreis me señaló algo en lo que no había reparado. Un 24 de agosto fue mi secuestro, otro 24 de agosto tuvieron lugar las primeras elecciones en la ciudad en las que participé. Y otro 24 de agosto, la gente salió a las calles para sacudirme y decirme que la batalla aún no estaba perdida y que había que seguir peleando. ¿Casualidad? ¿Azar? ¿Mensaje? Quién sabe. Como sea, la coincidencia no deja de ser llamativa.

En esas horas pude comprender como nunca antes el misterio del liderazgo. Nos habíamos alejado, el líder y la gente. En ese reencuentro, el círculo que había comenzado a dibujar dieciséis años antes se volvió a cerrar. A partir de ese momento, volvimos a ser uno solo. Las marchas del *"Sí se puede"*, la pasión que sentí en cada ciudad y en cada pueblo del país, me demostraron, ya de manera definitiva, que gobernar no es solo hacer. Antes que nada es escuchar.

Fue en ese camino, con la voz agotada, entre acto y acto, donde los argentinos me dieron la mayor lección de toda mi vida política. A partir de ese momento, todo cambió. Millones de compatriotas me dieron la oportunidad de recuperar la confianza. Gracias a ellos pude reencontrarme con nuestro *para qué*.

24

La semilla del cambio

Cada argentino ha realizado y continúa realizando su propio balance de nuestro gobierno. Todos son legítimos. Yo tengo el mío. He acompañado a cada uno de mis ministros en sus desafíos y sus transformaciones. Lamentablemente, quienes nos sucedieron en el poder no lograron resolver ninguno de los problemas y, lejos de hacerlo, los agravaron todos hasta niveles que eran inimaginables durante nuestra gestión.

Nuestra cultura del poder demostró ser diferente de todo aquello que habíamos conocido en tantos años de populismo. En todo momento dejamos claro que, más allá de aciertos y errores, nuestras intenciones fueron positivas. Hacer, construir, transformar, modernizar: conceptos con los que nos manejamos desde el primero hasta el último día de la gestión.

Muchas veces me han preguntado acerca de las decisiones que tomamos en materia de comunicación durante nuestro mandato. No fuimos perfectos y no dudo que todo podría haberse hecho mejor, tanto en este como en otros rubros. En marzo de 2016 publicamos un libro voluminoso que muy pocos se han tomado el trabajo de leer. Lleva por título

El estado del Estado y se trata de una descripción detallada, ministerio por ministerio y área por área, sobre la situación en la que encontramos al país a nuestra llegada. Sus páginas son un verdadero catálogo de desastres, irregularidades y desidia. Tal vez no le dimos toda la difusión que merecía. Pero también es cierto que, a diferencia de otros gobiernos, no quisimos justificar nuestra acción en la herencia recibida. De todos modos, esa herencia estuvo. Una enfermedad asintomática, como he afirmado tantas veces, pero lista para mostrar sus efectos a partir del momento en que nos hicimos cargo del poder.

La cuestión de los alcances y los límites del mandato expresado en los votos recibidos fue otro de los grandes temas de nuestra gestión. ¿Cuántas reformas estábamos los argentinos dispuestos a aceptar a finales de 2015? ¿Cuánto cambio estábamos dispuestos a asimilar? El liderazgo es un proceso de ida y vuelta. Nunca es unidireccional. En el caso del liderazgo político, la sociedad tiene su parte.

El kirchnerismo no inventó el populismo. El relato populista está presente entre nosotros y en nuestro sistema político desde hace muchas décadas. La ruptura con ese discurso —y con la realidad que produce— tiene costos, tanto para quienes la formulan como para quienes la comparten, y es un paso necesario para salir del estancamiento. Pasar de la lógica de un estado paternalista a uno que solo se ocupe de sus funciones esenciales como son la seguridad, la educación y la justicia requiere un apoyo profundo y un compromiso explícito por parte de la ciudadanía.

Los gobiernos no pueden alejarse de los mandatos que reciben de los ciudadanos, que son los verdaderos dueños del poder. Me habría sentido feliz de ir más rápido. De haber podido, hubiese impulsado todas las reformas necesarias en los primeros noventa días de mandato. Pero ¿la sociedad las habría tolerado? No me refiero, desde luego, a los votantes del kirchnerismo, sino a los propios votantes de Cambiemos. Estaba claro que todos aquellos que nos votaron querían terminar de una vez por todas con el ciclo político del kirchnerismo. Pero no todos los votos que obtuvimos expresaban la voluntad de concluir con el largo ciclo económico del populismo.

¿Hasta dónde podía como presidente arriesgar la gobernabilidad con un programa de reformas que no era apoyado por la mayoría de los argentinos? ¿Hasta dónde debía dejar de hacerlo pese a la falta de apoyo mayoritario? No son preguntas fáciles de responder. Sin embargo, en muchas áreas pudimos avanzar muy por encima de las expectativas que había tras nuestra llegada al gobierno. Así ocurrió con el proceso de inserción de la Argentina en el mundo. No es necesario recordar la cantidad de líderes internacionales que visitaron nuestro país durante nuestro mandato. Nunca antes había sucedido y desde entonces, lamentablemente, no volvió a suceder. La voz de nuestro país fue escuchada y respetada, y entre otros logros pudimos liderar el acuerdo entre la Unión Europea y el Mercosur, que luego anuló el gobierno que me sucedió en el poder. Fuimos capaces de abrir innumerables mercados para nuestros productos. Fuimos anfitriones de una de las reuniones más importantes de la historia del G20. La lista de logros en este rubro es extensa.

Podría escribir mucho acerca de los cambios que llevamos adelante en todas las áreas. En materia de transparencia y gobierno abierto, en conectividad, en telecomunicaciones, en desarrollo de fuentes de energía renovable, en transporte, en turismo, en obras de infraestructura, sin dejar de mencionar la revolución que hicimos junto a Guillo Dietrich en materia de política aerocomercial, con la incorporación de las líneas aéreas *low cost*. Nunca tantos argentinos pudieron viajar en avión por el país. Nunca lo pudieron volver a hacer, a causa de la torpeza infinita del kirchnerismo.

Uno de los mejores ejemplos de ir más allá de los objetivos iniciales estuvo dado por la política liderada por Patricia Bullrich como ministra de Seguridad. No son muchos los que lo recuerdan, pero en 2003 me tocó enfrentar a una aguerrida Patricia en las elecciones para jefe de Gobierno de aquel año. Lejos estábamos ambos de imaginar que tiempo después, Patricia se convertiría en una de mis mejores funcionarias.

Reconozco que al principio tuve mis dudas. ¿Era Patricia la mejor candidata para ocupar esa posición? Todos fuimos testigos del enorme coraje que mostró desde su banca de diputada nacional. Ella y Laura Alonso fueron dos columnas fundamentales de nuestro aún pequeño bloque en la Cámara. Por otro lado, Patricia ya había tenido responsabilidades ejecutivas durante su paso por el ministerio de Trabajo en tiempos de la presidencia de Fernando de la Rúa. Allí la vimos pelear como nadie contra personajes emblemáticos de la corporación sindical como Hugo Moyano. Pero la tarea en Seguridad implicaba un desafío enorme. Con toda razón estaba al tope de las preocupaciones de la gente. El narcotráfico había hecho pie en numerosos lugares del país generando su estela de corrupción y destrucción de innumerables jóvenes y sus familias.

Habían pasado pocas semanas desde que nos habíamos hecho cargo del gobierno cuando Patricia anunció la captura de los prófugos por el triple crimen de General Rodríguez, llamado así por la localidad donde fueron hallados los cuerpos torturados y baleados de tres empresarios del sector farmacéutico vinculados con el tráfico de efedrina. En la mañana del 9 de enero de 2016 Patricia me informó que los tres prófugos habían sido atrapados por la policía e hice el anuncio, felicitando a las fuerzas de seguridad por el éxito del enorme operativo desplegado para este fin.

Sin embargo, unas horas más tarde supimos que solo uno de ellos había sido capturado. Fue un comienzo con el pie izquierdo para Patricia. De inmediato me vino a ver a Olivos con su renuncia en la mano. Estaba realmente dolida y no fue difícil para mí entender sus motivos. Le había pedido expresamente que fuera muy cuidadosa con el manejo de la información y que se asegurara personalmente que, en efecto, habían sido capturados. Pero su ansiedad pudo más y el error dejó mal parado al gobierno.

Fue un momento de mucha tensión. Pero un error, por grave que este sea, es también una posibilidad de aprendizaje. Decidí darle a Patricia una nueva oportunidad. Rechacé su renuncia y le planteé con claridad que necesitaba un cambio de actitud a la hora de administrar su ansiedad. El tiempo me dio la razón. Patricia demostró tener todas las cualidades para conducir un área tan compleja.

Con el tiempo, se lograron resultados hasta entonces desconocidos en materia de lucha contra el delito y en particular contra el narcotráfico. Pero más allá de la eficiencia que mostró en su trabajo, en muchos momentos su voz se impuso en el campo de las convicciones. Por ejemplo, durante la búsqueda de Santiago Maldonado, el joven artesano cuya desaparición fue denunciada a principios de agosto de 2017. Maldonado parecía haberse esfumado tras la intervención de efectivos de la Gendarmería Nacional al liberar un piquete violento sobre la ruta 40 en la provincia de Chubut. El corte de la ruta había sido organizado por una organización pseudomapuche.

De pronto, comenzamos a recibir una acusación infame: el kirchnerismo y sus socios en los organismos de derechos humanos sostenían que desde el Gobierno se había implementado la práctica llevada a cabo durante la dictadura militar de la desaparición de personas. A su vez, desde la política se alzaban voces presionando para que descomprimiéramos las protestas y los reclamos relevando a la cúpula de la Gendarmería y exonerando a los oficiales que habían estado involucrados con las acciones en la ruta 40.

Fue uno de los momentos clave de mi gobierno. Uno de los principales objetivos que nos habíamos propuesto fue el de combatir al narcotráfico. Gracias al apoyo hasta entonces inédito que le dimos a las fuerzas de seguridad —con la Genderamería Nacional a la cabeza—, comenzaban a llegar buenos resultados. Una vez superado el episodio Maldonado, los resultados se consolidaron y logramos hacer retroceder a los narcos en todo el país.

Me cuesta creer en la inocencia de las denuncias y los intentos por descabezar a la Gendarmería. Para mí, fue un punto de inflexión. Si yo no los defendía, si abandonaba el principio de inocencia de los gendarmes, mi liderazgo y nuestra autoridad moral a la hora de pedirles que continuaran arriesgando sus vidas contra los peores criminales se iba a perder. Decidí que hasta que alguien aportara una prueba concreta que demostrara la participación de algún gendarme, ninguno iba a ser desplazado de la fuerza. Patricia estuvo completamente alineada con mi decisión. Nadie sería sancionado en la Gendarmería hasta tanto no contáramos con evidencias concretas que indicaran algún grado de vinculación con lo ocurrido con Maldonado.

Después de dos meses y medio de búsqueda, el cuerpo de Santiago Maldonado fue encontrado en el río Chubut. La autopsia señaló que había fallecido ahogado. Quienes nos acusaron y acusaron a la Gendarmería jamás pidieron disculpas ni se retractaron de sus infamias.

Junto a Horacio, María Eugenia y tantos otros cuadros que han crecido a lo largo y a lo ancho del país, Patricia se ha convertido en una de las figuras más importantes de nuestro espacio político. Miro hacia atrás y hacia adelante y veo que el PRO, aquel sueño que nació a poco de comenzar el nuevo siglo, hoy reúne experiencia, compromiso y gestión para ofrecer a la ciudadanía un cambio profundo como nunca antes.

Todos crecimos durante los cuatro años en los que gobernamos. Fuimos capaces de resistir toneladas de piedras, de denuncias falsas, de campañas en los medios, crisis, ataques y difamaciones. Dimos lo mejor de cada uno de nosotros. Avanzamos todo lo que fuimos capaces en la realización del *para qué* compartido con tantos millones de argentinos que nos dieron su confianza.

No pudimos hacer todo lo que me había propuesto. A veces, porque no nos dejaron. Otras, porque no supimos cómo. Pero siento que sembramos una semilla, la semilla del cambio. Durante la pandemia esa semilla germinó. Mi *para qué*, ese que había descubierto inmóvil en las madrugadas mientras permanecía en cautiverio, ahora le pertenece a millones de hombres y mujeres en todo el país. Hoy es parte de la identidad de gran parte de la sociedad. A diferencia de lo que sucedía en 2015, los argentinos hoy quieren más cambio y no menos. Lo quieren más rápido y no gradualmente. Exigen más libertad y no menos. Reclaman una cultura del poder distinta de la que les ha ofrecido el kirchnerismo desde finales de 2019. Los argentinos también descubrieron su *para qué*.

Falta mucho todavía. Pero aquella semilla se ha convertido hoy en un gran árbol. Y estoy totalmente convencido de que muy pronto comenzará a dar sus frutos.

25

Segundo tiempo

O somos el cambio o no somos nada. Es mucho más que una frase. Es la esencia de nuestro *para qué* y es también la conclusión a la que he llegado tras el largo camino recorrido en la vida, ese que he intentado plasmar en estas páginas. En diciembre de 2023 los argentinos habremos elegido un nuevo gobierno. Tras el rotundo fracaso del populismo existen enormes posibilidades de que la próxima administración recaiga sobre Juntos por el Cambio.

Si esto sucede, nuestra responsabilidad será mayúscula, aún más exigente que la que tuvimos a partir de diciembre de 2015. Más allá del hombre o la mujer que lidere el gobierno que viene, existen aspectos muy importantes que harán que la nueva experiencia resulte muy diferente a la del primer tiempo del cambio.

La primera diferencia está en la sociedad. Los argentinos de hoy no somos los mismos de 2015. La gente no acepta más ser pisoteada o ninguneada por el poder. Cada vez que vio amenazada su libertad se movilizó a lo largo de todo el país. Ante las restricciones absurdas impuestas durante la pandemia, ante las amenazas de expropiaciones, ante los casos de inseguridad extrema, ante el cierre arbitrario de las escuelas, la sociedad demostró que está muy por delante de la mayoría de la dirigencia política.

La conciencia del enorme poder con el que cuentan los ciudadanos ha quedado plasmada en numerosas movilizaciones, en la participación a través de las redes sociales o en las denuncias ante los intentos de adoctrinamiento en las escuelas y universidades, junto a infinidad de otros ejemplos. Es una sociedad nueva, que ha encontrado muchas formas para hacer escuchar su voz, algunas de ellas desconocidas hasta hace pocos años.

La transformación de la sociedad en la era digital tiene una profundidad extraordinaria. El pequeño celular que tenemos en nuestras manos cambió radicalmente nuestra conducta como ciudadanos. Ya no será lo mismo impulsar una agenda de cambios radicales ante una sociedad que se expresa de manera independiente y libre de cualquier tutelaje. La escucha a ambos lados, entre el gobierno y la sociedad, será diferente.

El resurgimiento del ideario liberal ha sido una verdadera bocanada de aire fresco frente al monopolio del relato populista. Temas de enorme importancia en la agenda del cambio como la reducción drástica del déficit fiscal, el control por parte del Estado del orden público, el costo de la energía que consumimos o la importancia de una educación pública de calidad han dejado de estar monopolizados por unos pocos. Los argentinos hemos terminado con los tabúes, con lo que no conviene decir, con la corrección política y con el miedo.

La lección ha sido dura. El populismo nos trajo hasta aquí con su mensaje repetido hasta el hartazgo, ese según el cual el Estado es el único protagonista de nuestra vida social y económica. No lo es. Es más: el Estado es el que más ha hecho por destruir y complicar la vida de los argentinos con sus políticas irresponsables, costosas e ineficientes.

Esta vez no habrá tiempo ni sustento político para quedarnos a mitad del camino. Los enemigos del cambio usarán todas las artimañas a su alcance. Muchas de ellas las hemos padecido durante los años de mi presidencia. No tengo dudas de que se abroquelarán para intentar frenar el impulso transformador con el objetivo de defender sus privilegios. Tanto el equipo de gobierno como los ciudadanos comprometidos con nuestro *para qué* deben saber que va a ser necesario mucho coraje. La resistencia al cambio será dura. Pero nuestras convicciones deberán serlo aún más.

No podemos llegar al gobierno con prejuicios ideológicos de ningún tipo. Habrá que tomar decisiones drásticas. Aquel *"buenismo"* que algunos señalaron durante nuestra gestión, no va más. El populismo *light* no es una opción.

Las prioridades del Estado serán otras. El rumbo estará marcado por la estricta necesidad de equilibrar las cuentas públicas. Si corresponde privatizar o cerrar empresas estatales deficitarias como el caso de Aerolíneas Argentinas, deberemos avanzar sabiendo que por encima de los intereses de sindicalistas y políticos está el interés de todos los argentinos. No tiene sentido seguir defendiendo que los aviones tengan que ser del Estado. Ni la patria ni la soberanía están escondidas en las alas, las cabinas, las turbinas o las bodegas de los aviones. Todos estos falsos relatos no han hecho más que empobrecernos como sociedad.

Los aviones hoy son un medio de transporte como cualquier otro y no son otra cosa que colectivos que vuelan. Lo hemos demostrado con la revolución de los aviones que implementamos durante nuestro gobierno. En muy poco tiempo los argentinos pudieron comprobar que las compañías *low cost* son capaces de brindar el mismo servicio que Aerolíneas Argentinas pero con precios mucho más bajos. Y con una diferencia fundamental: el precio del pasaje solo lo paga quien viaja. Me cuesta imaginar algo tan injusto como lo sucedido tras el regreso del kirchnerismo, donde aquellos que no viajan y que quizá no lleguen a viajar nunca en avión deben pagar miles de millones de pesos al mes para que otros viajen a través de una compañía controlada por sindicalistas corruptos que carecen de todo compromiso con la austeridad y la eficiencia.

Puede resultar difícil para quienes están leyendo estas páginas darse una idea de la magnitud del despilfarro de Aerolíneas Argentinas. El costo de seis meses de déficit de Aerolíneas sería más que suficiente para construir un nuevo puente que una a las provincias de Chaco y Corrientes sobre el río Paraná, dado que el que hoy existe se encuentra colapsado. Se trata de una obra imprescindible para el desarrollo de todo el noreste de nuestro país y que nuestros compatriotas de la región vienen reclamando sin éxito desde hace más de veinte años.

Tomemos otro ejemplo, en el sur. La ciudad de Bariloche, uno de los destinos privilegiados por su belleza entre los muchos con los que contamos en nuestro país para el turismo local e internacional, carece de un acceso vial que conecte su aeropuerto con la ciudad como corresponde, y además necesita con urgencia un camino nuevo que pueda unir la ciudad con la zona de Llao Llao. Para construir ambas obras sería suficiente con disponer del dinero que nos cuesta a los argentinos solo cuatro meses de pérdidas de Aerolíneas.

No quiero abrumar al lector con cifras, pero es importante saber en qué otras cosas podría haberse utilizado esa inmensa montaña de dinero. Si consideramos los ¡diez mil millones de dólares! que ha perdido la compañía desde su estatización, tan equivocada, por parte del kirchnerismo en 2008, hoy podríamos contar con una red de trenes de carga a la altura de las mejores del mundo, una herramienta clave para potenciar el empleo en todo el país.

El mundo no confía en la Argentina. Lo anuncié en 2019 tras el éxito del kirchnerismo en las elecciones primarias. El kirchnerismo convirtió a nuestro país en un estafador serial ante todos los que confiaron su dinero e invirtieron. Aun dando un giro de 180 grados en materia de política económica, el mundo querrá, con toda lógica, ver primero con sus propios ojos la sustentabilidad y el compromiso genuino del nuevo gobierno. No habrá nuevas inversiones en nuestro país hasta tanto no hayamos sido capaces de mostrar que el cambio es definitivo y no tiene marcha atrás.

En 2015 el mundo nos estaba esperando y nos recibió con los brazos abiertos. Decenas de países apostaron por la Argentina y nos creyeron. Hoy solo nos vinculamos con los peores de la clase. Nada bueno trajeron las alianzas con dictaduras criminales como las de Cuba, Venezuela o Nicaragua. Habrá que comenzar de nuevo y la reconstrucción de la credibilidad nacional será un desafío enorme y de largo aliento.

He escrito ya que el gradualismo fue producto de nuestra debilidad y no de nuestra vocación. El próximo gobierno será más fuerte y su fortaleza requerirá que las reformas estructurales se sancionen en las primeras horas. La pobreza y el desempleo no pueden esperar. Debemos tener la valentía de terminar de inmediato con legislaciones obsoletas en materia laboral, sindical, previsional y fiscal. Es otro de mis aprendizajes en la presidencia. Lo que no se hace de entrada es muy probable que no se pueda hacer nunca.

La reducción drástica del gasto público deberá estar entre las medidas iniciales. El legado del kirchnerismo será un estado elefantiásico, torpe e ineficiente. Cada ministerio, cada área, cada repartición pública deberá impulsar todas las reducciones que sean necesarias de manera urgente e inmediata. Será la única vía para poder hacer que nuestra estructura impositiva deje de asfixiar a la actividad privada, a los emprendedores y a todos los ciudadanos que se ganan la vida con su trabajo.

Nuestras industrias tienen que saber que su tiempo para ser competitivas está llegando a su fin. El nuevo gobierno no estará en condiciones de seguir defendiendo el proteccionismo a costa de los bolsillos de los consumidores. El modelo de la Argentina cerrada ha fracasado por donde se lo mire. Deberemos construir una economía abierta y aprovechar las oportunidades que tenemos en el mundo para nuestros productos, sin que esto se traduzca en subsidios que pagan todos los contribuyentes.

Quiero plantearlo con todas las letras: el Estado argentino, tal como lo conocimos, ha colapsado. Hoy no es otra cosa que una gigantesca fábrica de déficit, inflación y pobreza. No será cuestión tan solo de hacer recortes aquí y allá. Es mucho más que eso. Existe una larga lista de empresas públicas que deberán pasar a ser gestionadas por el sector privado sin excepciones, o que deberán ser eliminadas. El gasto público ha crecido hasta un punto tal que, lejos de ser un motor de la economía como postula el populismo, se ha convertido en un freno al sector privado, que es el único capaz de generar empleo y crecimiento genuinos.

A diferencia de lo ocurrido en otros períodos de nuestra historia, estamos en condiciones de emprender estas transformaciones de cara a la sociedad sin permitir la corrupción. La experiencia de mi gobierno ha dejado en claro que esto es posible. La tecnología es y será siempre uno de los grandes aliados para la eficiencia y la transparencia.

Juntos por el Cambio debe volver al poder con el objetivo de construir un capitalismo verdadero en la Argentina. Un lugar de oportunidades para emprender en un marco de estabilidad. Con menos impuestos y con mejores servicios públicos. Con un servicio de justicia independiente y profesional, alejado de los vaivenes de la política. Con fuerzas de seguridad reconocidas y capacitadas, dedicadas a dar un combate sin cuartel contra el narcotráfico.

Ninguna de las ideas que estoy postulando es nueva. Todas ellas son conocidas por el sistema del poder en la Argentina. Las he hablado con gobernadores, sindicalistas, empresarios, periodistas y políticos de distintas orientaciones ideológicas. En muchas ocasiones se han manifestado de acuerdo. Todos saben que el modelo actual es obsoleto y que, de mantenerlo, las cosas solo pueden empeorar. Pero nuestro círculo rojo tiene un problema. La mayoría de sus integrantes suele sostener en público algo diferente a lo que dice en privado. El cambio para muchos de ellos significa, llegada la hora de la verdad, el fin de sus privilegios. Naturalmente, esta situación los conduce hacia este tipo de conductas contradictorias. Al final del día el círculo rojo dice querer todas las reformas con excepción de una: aquella que afecta sus intereses.

El segundo tiempo va a exigir mucho de la sociedad. Pero esos esfuerzos solo tendrán sentido si las élites, los que se han beneficiado en un país que se ha empobrecido, son capaces de hacer un esfuerzo aún mayor que el resto de los argentinos. La escucha de la que he escrito, entre la sociedad y sus líderes, tiene que ser permanente.

En materia de políticas sociales, uno de los rubros que más ha crecido durante nuestro gobierno, deberemos terminar para siempre con los extorsionadores de la paz social. En la Argentina que vamos a construir, son los argentinos los que ayudan a otros argentinos a sobrellevar su situación. Por lo tanto, quienes aportan con su trabajo y su esfuerzo esta ayuda, deberán poder monitorear en qué se gasta o se invierte cada peso. En el segundo tiempo terminaremos con los gerentes de la pobreza. La intermediación parasitaria en materia de distribución de ayuda tiene que terminarse. Por su parte, aquellos que reciban la ayuda solidaria del resto de los argentinos deberán saber que su duración en el tiempo será limitada. Deberán capacitarse para estar en condiciones de ingresar lo más rápido posible en el mercado laboral formal.

Tendremos que replantearnos, la sociedad y sus líderes, la política en materia de cortes de calles y rutas. Los argentinos han sido demasiado tolerantes con aquellos grupos que le complican la vida a quienes necesitan movilizarse para ir a sus trabajos. No existe ninguna posibilidad de que continuemos asistiendo al triste espectáculo de fuerzas de seguridad que no actúan. Durante nuestro gobierno comenzamos a cambiar esa política impidiendo innumerables cortes de rutas nacionales y autopistas. Hay que ser claros: las calles son de todos los ciudadanos y todos tienen derecho a transitarlas. El derecho de protesta debe encontrar un límite cuando perjudica a terceros.

Lo he escrito antes: el cambio es una fuerza que ejerce su presión desde abajo hacia arriba. No habrá oportunidad de dar menos que lo que se nos exige. La sociedad no va a perdonar a un gobierno que no esté a la altura del mandato. Llevamos ya demasiados años de frustración que pesan sobre muchas generaciones.

En todas las ciudades del mundo a las que me traslado, ya sea para dictar conferencias o por mi actividad en la Fundación FIFA, me encuentro con jóvenes argentinos que se han ido del país. Los escucho y los entiendo. Me cuentan sus historias, pero por dentro siento un enorme dolor. Soy el hijo de un joven que dejó su país natal a los diecinueve años para venir a la Argentina y convertirse en uno de los principales empresarios del país. Sé lo que significó para él dejar la Italia de la posguerra porque no había trabajo ni oportunidades. Y sé el trabajo que hizo desde que llegó. En cada chico y en cada chica con los que he estado en contacto en el exterior veo a mi padre y no puedo dejar de sufrir por nuestro país, que deja ir a sus hijos y los empuja porque el populismo les ha robado el futuro.

Por eso, si estás leyendo este libro y estás pensando, como tantos otros, en irte del país, te pido que esperes. Que te tomes un tiempo para decidirlo. Si te quedás vamos a poder pelear juntos esta batalla. Y si nos va bien, si ganamos, vas a querer vivir acá, con tu familia, con tus amigos, en tu verdadero lugar en el mundo.

He dejado para el final el tema de la educación, porque es el más importante de todos. Todos los cambios que hagamos juntos a partir del 10 de diciembre de 2023 deberán verse reflejados en la mayor reforma educativa que haya tenido la Argentina en toda su historia. Debemos reinventar nuestro sistema educativo. Debemos terminar con la idea de que son los sindicatos los que manejan la educación en nuestro país. El próximo gobierno no podrá ceder ante la extorsión gremial. Con el irresponsable cierre de las escuelas durante la pandemia surgió un nuevo actor social, tal vez el más legítimo de todos los involucrados en el proceso educativo. Ahora los padres deberán estar sentados a la mesa como parte interesada en la educación de sus hijos. Lo han demostrado con su movilización durante la pandemia. La ecuación del poder quedará desempatada: de un lado, el gobierno junto a los padres y la inmensa mayoría de docentes que quieren una educación mejor, del otro, los profesionales de la huelga.

Esta es mi hoja de ruta. A través de ella quiero expresar mis ideas. Son solo algunas. Por supuesto, habrá muchas más. Son cosas que van más allá de las personas. El problema no son las personas, son las ideas. El problema principal de la Argentina no es el kirchnerismo sino sus ideas, que son las que nos condujeron a este desastre.

Intento señalar una dirección, un rumbo y un plan. Exactamente todo aquello de lo que careció el gobierno kirchnerista que se impuso en 2019. Si de algo sirve mi experiencia acumulada es para tener en claro que debemos tener mucho cuidado con quienes se acercan, prometen su apoyo y luego, a la hora de ejecutar los cambios, huyen. Estaremos siempre abiertos al diálogo y al acuerdo. Pero si nos alejamos de nuestro *para qué* no habremos aprendido nada.

Este es el cambio que quiero. Sé que es el mismo cambio que comparten millones de argentinos. No tiene marcha atrás ni concesiones. Resume mis aprendizajes sobre el liderazgo y el poder a lo largo de muchos años. Es el *para qué* que necesitamos para ganar el segundo tiempo.

Recordémoslo una vez más: *o somos el cambio o no somos nada.*

Agradecimientos

Comencé a trabajar en este libro en noviembre de 2021. *Para qué* es el resultado de muchas horas de reflexión que me sirvieron para dictar mis clases en la Florida International University, en Barna Management School, en Georgetown University y ahora en la Universidad de Salamanca, junto a las charlas que vengo ofreciendo en diferentes ciudades del mundo acerca de mi experiencia en el terreno del liderazgo y el ejercicio del poder.

Agradezco muy especialmente a Pablo Avelluto, quien me ayudó en la tarea de ordenar mis ideas y llevarlas a estas páginas. También a Eduardo Braun y a Gabriel Sánchez Zinny, que impulsaron con entusiasmo este proyecto, aportando sugerencias y críticas.

Gracias a los estudiantes de los distintos cursos que he dado, por ayudarme a pensar. Y por supuesto, a los miles de lectores de *Primer tiempo,* que me alentaron a seguir comunicándome con ellos a través de las páginas de los libros.

Planeta